Mona Katzenberger
Ute Vehse

Tango- eine Unternehmenstanzphilosophie

Mona Katzenberger
Ute Vehse

Tango- eine Unternehmenstanzphilosophie

Die einzigartige Verbindung zwischen Wirtschaft, Spiritualität und Lebensmanagement

Trainerverlag

Impressum/Imprint (nur für Deutschland/only for Germany)
Bibliografische Information der Deutschen Nationalbibliothek: Die Deutsche Nationalbibliothek verzeichnet diese Publikation in der Deutschen Nationalbibliografie; detaillierte bibliografische Daten sind im Internet über http://dnb.d-nb.de abrufbar.

Coverbild: www.ingimage.com

Verlag: Der Trainerverlag ist ein Imprint der
Südwestdeutscher Verlag für Hochschulschriften GmbH & Co. KG
Heinrich-Böcking-Str. 6-8, 66121 Saarbrücken, Deutschland
Telefon +49 681 37 20 271-1, Telefax +49 681 37 20 271-0
Email: info@verlag-trainer.de

Herstellung in Deutschland:
Schaltungsdienst Lange o.H.G., Berlin
Books on Demand GmbH, Norderstedt
Reha GmbH, Saarbrücken
Amazon Distribution GmbH, Leipzig
ISBN: 978-3-8417-5024-2

Imprint (only for USA, GB)
Bibliographic information published by the Deutsche Nationalbibliothek: The Deutsche Nationalbibliothek lists this publication in the Deutsche Nationalbibliografie; detailed bibliographic data are available in the Internet at http://dnb.d-nb.de.

Cover image: www.ingimage.com

Publisher: Trainerverlag
is an imprint of the publishing house
Südwestdeutscher Verlag für Hochschulschriften GmbH & Co. KG
Heinrich-Böcking-Str. 6-8, 66121 Saarbrücken, Deutschland
Phone +49 681 37 20 271-1, Fax +49 681 37 20 271-0
Email: info@verlag-trainer.de

Printed in the U.S.A.
Printed in the U.K. by (see last page)
ISBN: 978-3-8417-5024-2

TANGO *eine Unternehmenstanzphilosophie*

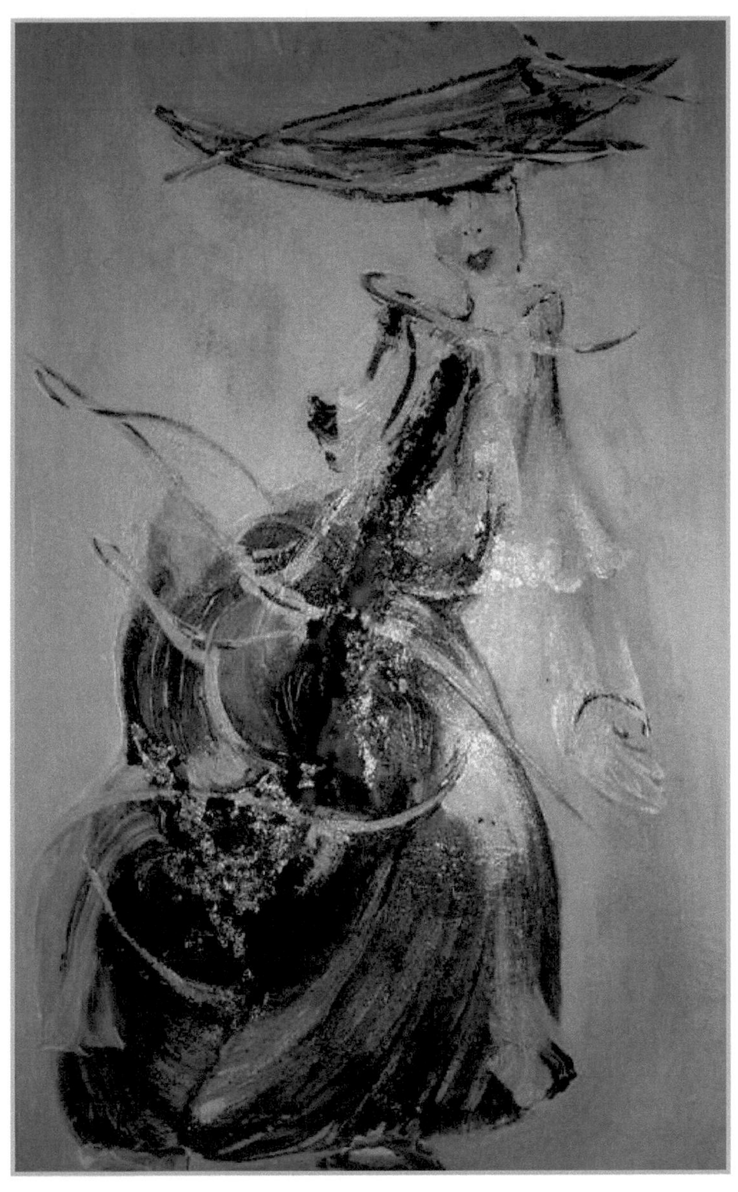

uvz *Meralda tanzt*

Vorwort Mona

Wir wissen, dass aus Ihrer Unternehmenssituation genau die Situation entstehen kann, die Sie sich wünschen, wo auch immer Sie und Ihr Unternehmen sich momentan befinden. Egal, ob es floriert und allgemeine Harmonie herrscht, ob es kurz vor der Insolvenz steht oder ob die Mitarbeiter sich gegenseitig das Leben schwer machen.

Dieses Buch hat seinen Weg zu Ihnen gefunden und dies hat seinen tieferen Grund. Vielleicht haben Sie es geschenkt bekommen, von einem mitfühlenden Familienmitglied oder einem guten Freund, oder Sie lesen die ersten Zeilen aus reiner Neugier, weil Sie den Titel ungewöhnlich finden. Berührt er eine noch nicht gelebte Sehnsucht nach Tanz in Ihrem Leben?

Es könnte auch sein, dass Ihnen Ihr geschätzter Abteilungsleiter gedroht hat, den Betrieb zu verlassen, wenn Sie nicht endlich etwas für Ihre Mitarbeiter tun.
Möglicherweise spüren Sie schon lange, dass Sie etwas am Betriebsklima in Ihrem Team oder in Ihrer Abteilung verändern möchten, dass Unausgesprochenes im Raum steht, Unzufriedenheit sich ihren Weg bahnt, doch Sie wissen nicht recht, wo Sie ansetzen können.
Genau an diesem Punkt möchten wir Sie abholen.
Unter Umständen werden Sie sich wundern, warum Ihnen ausgerechnet die Unternehmenstanzphilosophie eine Lösung bieten soll. Das Geheimnis unserer Erkenntnis werden wir Ihnen anhand dieses Werkes Schritt für Schritt erläutern.

Es basiert auf unserer langjährigen Erfahrung als Unternehmerinnen und Künstlerinnen.

Als Juristin, Künstlerin und „Anwältin der Kreativität" habe ich teilweise die juristische Denkweise in die Welt des Tangos übertragen.
Zusammen mit Ute Vehse, Künstlerin, Unternehmerin und Businesscoach, entwickelten wir eine Definition des Begriffs Tango und die entsprechenden Begriffsmerkmale für den Umgang mit dem Lebenssachverhalt, die uns alle zur Tiefe und Weisheit unseres Seins und damit zur Lösung jeder Konfliktsituation zurückführen.

Ein Stück dieser Erkenntnis, die in uns allen existiert, möchte ich Ihnen mit unserem Werk und den begleitenden Seminaren weitergeben.
Es ist mein Wunsch, Ihr Unternehmen, Ihre Abteilung, Ihr Projekt, Ihr Team, Ihren Vorstand und auch Ihre Familie und Ihre nächsten Angehörigen mit der Verbindung zu dieser einzigartigen Energiequelle „wachzuküssen".

CREATIVE LIGHT[1].

The Light,The Air, The Soul within
We have the gift in breeding it
Inventive dawn is our wish
CREATIVE LIGHT IN ALL OF US!
Go back to start
and look in your heart
Your star is glowing

Every night and day
The sea, the waves, the sky above
All kind of fancy fantasies,
Love is all around your deeds
Thats the song we`re living in
Go back to start
and look in your heart
Your star is glowing
Every night and day

moka Tango Sogno

The oceans
The sun
The wind
The clouds
Your music
Your thoughts
Your Tango.........

CREATIVE LIGHT IN ALL OF US!

---

1 Creative Light, Music: Mona Katzenberger und Frederic Janz, Text und Gesang: Mona Katzenberger

Vorwort Ute

Wir möchten Ihnen mit der Philosophie des Tanzes, den Erfahrungen aus unserer Arbeit mit diesem Thema und den kleinen Weisheiten aus unserem alltäglichen Leben einige Kostproben schenken.
Wenn Sie den philosophischen Unternehmenstanz mit Ihrer Mannschaft durchführen, wird er Sie zu ungeahnten Schätzen des inneren Da-Seins entführen.
Wir leben in einer Epoche, einer Zeit, die sich mit Wandel und Selbstbestimmung beschäftigen muss. Unsere Ressourcen auf dieser Welt werden neu geordnet und sorgsam verteilt und wir haben für die Zukunft und alle folgenden Generationen große Verantwortung. Unsere Lebenszeit hat leider ihre Grenzen!
Es ist die Zeit gekommen, in der wir alle etwas für die Weltgemeinschaft tun möchten. So verwenden wir, ***art-specials,*** ein philosophisches Thema und sind sicher, dass Sie alle damit für Ihre Lebens- und Berufskreationen gewinnen werden.

Als Geschäftsinhaber muss es Ihnen gut gehen und je wohler sich der Kopf einer Unternehmung fühlt, umso mehr strahlt auch das Team, es ist eingebunden und glücklich in einer Firma.
Kein Funktionieren, sondern Selbstbestimmung ist angesagt.
Da wir uns in der globalen, schnellen, informativen und virtuellen Zeit befinden, ist es besonders wichtig, zwischendurch einen Gang herunter zu schalten, um aus dem Weniger ein Mehr erreichen zu können.

Geht das eigentlich, einfach einmal so einen Tag in eine andere Welt einzusteigen?

Möglicherweise ist dieser eine Tag zu wenig.

Besser aber ist ein Tag, als kein Tag.
Wir „philosophischen art specials“ bieten neben den traditionellen Soft Skills auf dem Markt etwas Besonderes an, den „philosophischen Unternehmenstanz“. Das Thema entwickelte sich durch unsere gemeinsame große Leidenschaft, der Tango Argentino.
Laden Sie Ihre Mitarbeiter- Innen und Führungskräfte ein. Spendieren Sie Ihnen eine *Tagesreise ins eigene Glück*.
Lernen Sie sich ANDERS kennen, fördern Sie die Ressourcen und Talente, die in Ihnen allen schlummern.
Wir begleiten Sie in diesem Prozess, der für Wandel und Selbstbestimmung steht, der Ihnen tiefe Wahrnehmungen im ganzheitlichen Sinne verspricht.
Wenn es den Menschen in Ihrem Unternehmen gut geht, liegt es auch daran, dass es mehr gibt als Funktionalität und ein gutes Gehalt. Das größte Kapital verkörpern all diejenigen, die mit Freude, Motivation, Emotionen und Kreativität Ihr Unternehmen in den Erfolg bringen. Die Menschen dürfen sich so lieben, wie Sie es für sich als Unternehmer auch in Anspruch nehmen.
„Die größte Kraft ist die LIEBE zu sich selbst, sie gibt die Liebe für die Welt!“

***Ute** „Tango lässt mich vergessen wer ich bin, führt mich wie ich bin, bewegt mich dort wo es schwer war, befreit mich und küsst liebevoll die Seele“*

Tango zu erleben, heißt:

„Philosophieren Sie sich in den Unternehmenstanz" im Kontext zu Ihnen und Ihren Aufgaben. Sie werden mit allen Beteiligten die glücklichste Unternehmung in Ihrem Lande sein!

Nur das Buch lesen

Ist eine von mehreren Möglichkeiten, die Spur zu verändern.

Wir wünschen uns, dass Sie dieses Buch Ihren Mitarbeitern/Innen schenken. Gelegenheiten dazu gibt es bestimmt jede Menge!
In unserer philosophischen Vielfalt streben wir an, Menschen wieder in die Ganzheit zu bringen, dem ***Hamsterrad*** eine Tür zu öffnen und gesund zu bleiben, sowie Ihre Berufslebenszeiten positiver zu gestalten.
Aus diesem Grunde einige Gedanken zu diesem Thema

„Wie hält sich ein Unternehmen gesund?"

1. Die Mitarbeiter und Führungskräfte sind sich der Werte des Unternehmens bewusst
2. Die Unternehmensleitlinien sind für alle umsetzbar
3. Die Sinnhaftigkeit, Unternehmenskultur, die absolute Gleichwertigkeit aller Beteiligten
4. Ein Unternehmen ist in der Lage, Gesundheit für alle zu gestalten

Sind Sie als Führungspersonen

in der Lage zu erkennen, wenn das Hamsterrad auf Hochtouren weiterläuft?
Ihre Mitarbeiter stehen durch Ihre Arbeitsanforderungen in einem Leistungsdruck, der von Außen auf sie einwirkt. Dadurch kommen diese auch in einen inneren Leistungsdruck. Dies kann zur Folge haben, dass sie nicht mehr abschalten können.
Die ersten Anzeichen dafür sind die schlaflosen Nächte, Überreizung und Konzentrationsmangel. Von der einen Arbeit kommen viele Menschen nach Feierabend in die zweite Arbeit, die dann die Familie ist.

Erziehung und der Anspruch auf eigene hervorragende Leistung wird bereits in der eigenen Sozialisation geprägt. Häufig ist es ist wie ein selbst auferlegter Zwang!
Wir Menschen sind besonders selbstkritisch und möchten unsere Schwächen verstecken, doch es kommt irgendwann der Lebenspunkt, selbst bei jungen Menschen, an dem es nicht mehr weiter geht.

Das Hamsterrad

verläuft sozusagen wie eine Sucht, das Denken schaltet einfach nicht mehr ab, es ist oftmals nur durch extremen Zusammenbruch zu stoppen.

Für eine Geschäftsleitung und seine Führungsmannschaft macht es Sinn, ihre Mitarbeiter/Innen *nicht* in ein Burn-out laufen zu lassen.
Wenn Sie handeln und rechtzeitig den Gesundheitsbedarf erkennen, wird das Unternehmen auch gesund bleiben. Denn Gesundheit muss ebenso bezahlt werden, wie die Krankheit, nur dass es wesentlich preiswerter ist, im Rahmen von Prävention zu verfahren.

Eine der wichtigsten Aufgaben einer Unternehmung liegt unserer Meinung darin, dass Mitarbeiter/Innen ihre Sinnhaftigkeit im Betrieb verstehen, dass sie Lob bekommen, um motivierend auf sich und ihr Team einzuwirken.

Der Mensch ist das wichtigste Kapital und nur mit diesem Wesen wird sich ein Unternehmen gesund entfalten können, sofern die ***Achtsamkeit*** ihre wichtige Stellung bekommt!

Deshalb gilt auch hier die Devise:
„Tue deinem Körper Gutes, damit die Seele Lust hat, darin zu wohnen!“
Theresa von Avila (Mystikerin)

Inhaltsverzeichnis

Bilder: Mona Katzenberger, Ute Vehse

Bereits vom **spätantiken Kirchenlehrer Augustinus von Hippo (ca. 354 geboren)** ist sinngemäß folgende Aussage überliefert: „Ich lobe den Tanz, der alles fordert und fördert – Gesundheit und Klarheit im Geist, sowie eine beschwingte Seele. Tanzen verwandelt den Menschen, der ständig Gefahr läuft, ganz Hirn, Verstand und Wille zu werden. Der Tanz hingegen fordert den Menschen, der in seiner Mitte lebt und ankert. Der Tanz fordert den bereiten, den schwingenden, den ausgeglichenen Menschen, den Menschen im Gleichgewicht seiner Kräfte.

Mensch lerne tanzen, sonst wissen die Engel im Himmel mit dir nichts anzufangen" [2]

Definition Begriff TANGO:

Tango ist die Weisheit unserer Seele, ausgedrückt in schwingender Bewegung durch unseren Körper gepaart mit der Sehnsucht unseres Geistes nach Verbindung

Begriffsmerkmale:

Weisheit unserer Seele
schwingende Bewegungen
durch unseren Körper
Sehnsucht unseres Geistes nach Verbindung

---

2 oft Augustinus zugeschrieben, jedoch ohne Nachweis.

Lebenssachverhalt:

Dazu benötigen wir Ihre persönlichen Lebensumstände, das bedeutet die gefühlte und gelebte Situation, in der Sie persönlich und Ihr Arbeitsumfeld sich gerade befinden.
Z.B. Erschöpfung, Euphorie, Erfolgserlebnisse, Überarbeitung, Burn-out, Resignation, Beispiele in alle Richtungen sind denkbar.

Fazit:

Übertragen auf unsere Unternehmenstanzphilosophie beleuchten wir anhand von Form von Körper- Tanz- Meditations- und Persönlichkeitsarbeit Ihre betriebliche und persönliche Arbeitssituation und entwickeln gemeinsame Lösungsvorschläge.

Weisheit der Seele

ist auch Seelenheil, eine Definition zu einem Zustand, den wir Menschen uns zutiefst wünschen. Ausdrucksvolle Dramatik berührt die Seelen besonders im Tangotanz. Menschen, die sich diesem öffnen, erfahren ihre eigene Weisheit auf eine intensive und besondere Art.

Spiritualität bezeichnet

Verbindung zum höheren Selbst, eine mentale Verbindung zum Jenseits, zum Transzendenten, zur Unendlichkeit. Bereits Pythagoras war von der Unsterblichkeit der Seele überzeugt und verband damit die Vorstellung der Seelenwanderung.

Tango bedeutet nach der vorliegenden Definition die Weisheit unserer Seele, ausgedrückt in schwingender Bewegung durch unseren Körper gepaart mit der Sehnsucht unseres Geistes nach Verbindung.

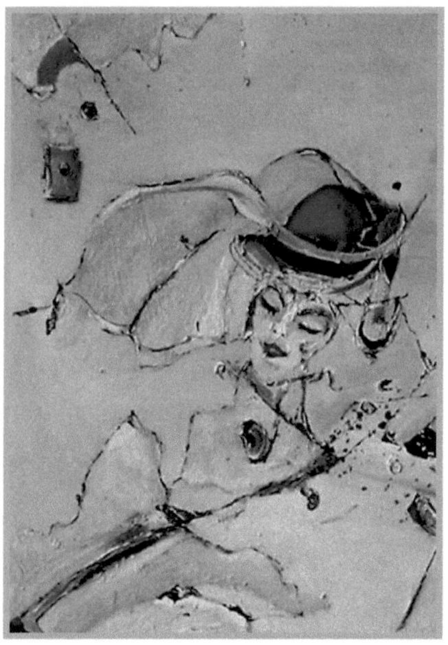

uvz luna

Jeder Mensch,

jede Seele ist ein eigener Kosmos. Verbindet sie sich im Tango mit einer anderen Seele, erleben wir jedes Mal ein Stück Unendlichkeit, unsere Spiritualität erwacht, ob bewusst oder unbewusst.....

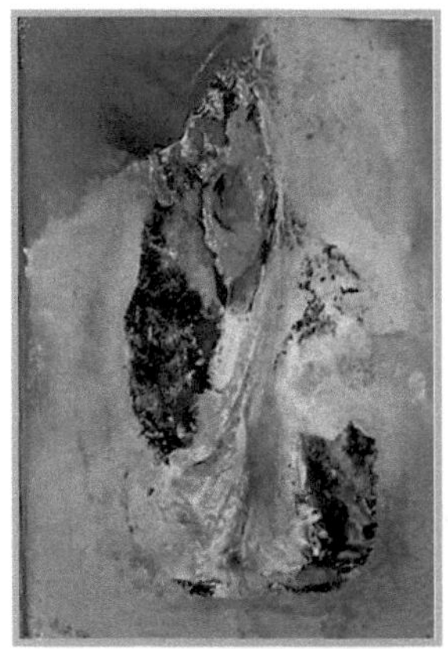

Schwingende Bewegungen dazu

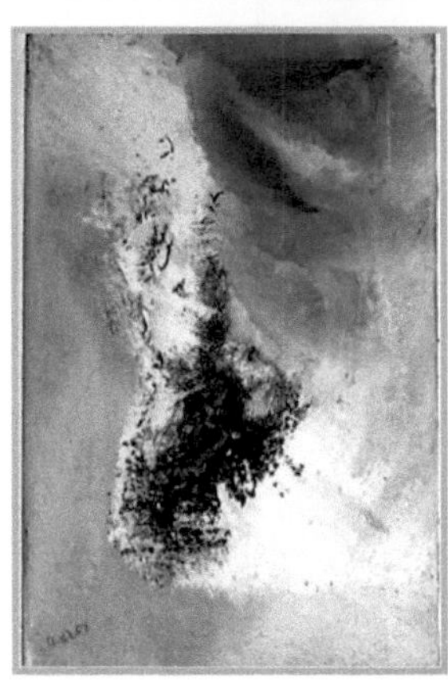

der Körper fühlt das ganze System und die Verbundenheit zum spirituellen Ganzen.

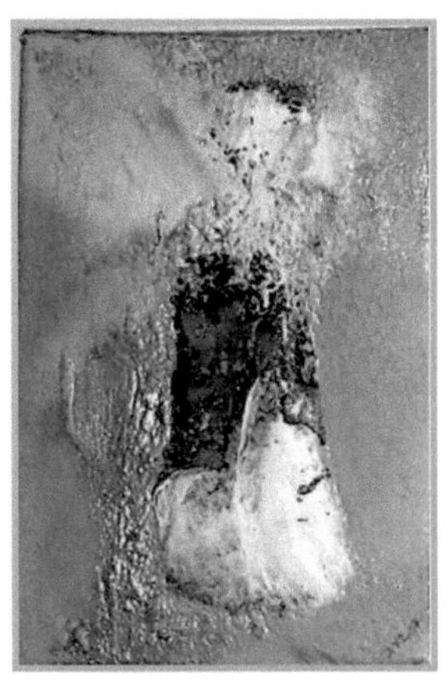

Es tanzt sich selbst, mehr als du zu denken vermagst!

uvz trio tanz

Exkurs: Tango Argentino als Heilmittel?

Inzwischen sind auch Psychologen und Mediziner auf den Tangotanz aufmerksam geworden. Eine Forschunsgruppe der Washington University um Madeleine Hackney untersuchte in mehreren Studien, dass Tangotanz die Flexibilität von Parkinsonpatienten verbesserte[3]. Interessanterweise zeigte sich der Tangotanz dabei anderen Tanzrichtungen wie Foxtrott und Walzer überlegen. Hackney resümiert dabei drei entscheidende Vorteile des Tango Argentino gegenüber anderen Tanzstilen:

- Der Tango Argentino wird in relativ enger Tanzhaltung mit dem Tanzpartner getanzt. Die enge Tanzhaltung, kombiniert mit den fließenden Bewegungen löst laut der kolumbianischen Psychologin Cynthia Quiroga Murcia an der Universität Frankfurt in ihrer Dissertation[4] eine erhöhte Testosteronausschüttung aus.
- Zudem bewirkt sie eine intensive, nonverbale Kommunikation zwischen den Tänzern.
- Die Musik wirkt sich positiv auf die Gemütsverfassung der Tanzenden aus, so Hackney. Die Tangomusik reduziert das Stresshormon Kortisol, so resümierte auch Cynthia Quiroga Murcia.
- Die freie Improvisation einer jeden Bewegung, die im Tango häufiger als in anderen Tänzen auftretenden Rhythmus- und
- Geschwindigkeitswechsel erfordern eine hohe Konzentration, Kontrolle und Bewusstheit der Tänzer.

---

3 M.Hackney u.a.: Effects of dance on movement control in parkinson`s disease: A comparison of argentine tango and american ballroom. Journal of Rehabilitation Medicine, 41/2009, 475-481

4 C.Quiroga Murcia: Emotional and neurohumoral responses to dancing tango argentino: The effects of partner and music. Music and medicine, 1/2009, 14- 21

Sie sind quasi „gezwungen“, im **Hier und Jetzt** zu verweilen.

Inzwischen hat der Tango international seinen Weg bereits in die Praxis von Therapeuten gefunden. So nutzen Paartherapeuten den Tango zur Lösung von Beziehungsproblemen. Auch bei Boderline- Patienten wurden positive Resultate erzielt. Im psychiatrischen Krankenhaus Borda in Buenos Aires wird Tango als Therapie zur Linderung von Schizophrenie oder Psychose eingesetzt. Derzeit gibt es mehrere Forschungen bezüglich der Linderung von Depressionen mit Hilfe von Tango Argentino.

So setzen auch wir, die philosophischen **„art specials“**, im Unternehmenstanz die Weisheit des Tangotanzes ein.

Beim Tanzen erkennen wir viel über die Situation der einzelnen Teilnehmer/innen. Wie sie gehen, wie sie stehen, wie sie einander umarmen und welche Haltung sie gegenüber den anderen Teilnehmer/innen einnehmen, liefern wertvolle Informationen, die zur universalen Genesung führen oder einfach Lebensfreude bringen.

Zudem wirkt unsere Methode *präventiv*. Lassen wir es nicht so weit kommen, dass Burn-Out und Depression behandelt werden müssen, sondern achten wir zuvor schon auf unser Seelenheil. Der philosophische Unternehmenstanz eröffnet dafür viele Möglichkeiten.

So schon Wilhelm Busch in seinen Gedichten[5]

„Oder möchtest du vielleicht mir des Tanzes Lust versalzen?
Früher hast du´s oft erreicht; Heute werde ich weiterwalzen.“

---

5 Wilhelm Busch, Kritik des Herzens, S. 83

1. Kapitel

Warum Unternehmenstanz und Philosophie?

Der Tango- Argentino hat zwei ganz wichtige Archetypen in sich vereint. Das sind die Liebe und der Tod, das Vergehen.

Die Philosophie

Auch im täglichen Leben setzen wir uns mit der Liebe auseinander. Das Gefühl von Liebe entsteht, wenn wir umworben, geachtet, so auch sinnlich verführt werden. Das Vergehen, der Schmerz beginnt dann, wenn unser Ego bedürftig wird. So werden wir philosophisch jeden Tag neu geboren, erleben die Lösung von falschen Vorstellungen. Die Dramaturgie des Lebens begleitet uns täglich, ähnlich wie im Tango.

Tanz und Musik

sind Teil der wichtigsten und schönsten Urgewalten, die in uns Menschen seit der Geburt vorhanden sind. Wenn wir ehrlich zu uns selbst sind, ist ein Leben ohne Musik und Tanz nicht denkbar.....

Wir alle kennen Situationen zurückliegend bis zur Kindheit, in denen uns die Musik verzauberte und in ihren Bann zog. Sei es unser Lieblingssong morgens im Radio, das Singen im Schulchor oder sogar das Erlernen eines Instruments.

Musik begleitet uns auf all unseren Wegen, überall auf der Welt, ist zeitlos und ewig. Mozarts Kompositionen von vor mehr als 200 Jahren erfreuen uns heute nach wie vor.

Wir erinnern

keinen Menschen, der nicht irgendwie, irgendwann rhythmisch auf Musik reagiert.
Können Sie sich Afrika, Asien, Amerika, Südamerika ohne Tanz und ohne Gesang vorstellen?
Die Candombè der Kreolen und Schwarzen hat einen wichtigen Einfluss auf den Tango Argentino. Ursprünglich war sie eine kultische Tanzpantomime, in der liturgische Elemente afrikanischer Religionen verschmolzen.

Europa ohne Tanz?

Aus Polen kennen wir die Mazurka und aus Böhmen die Polka. In Deutschland wurde nicht nur das Bandoneon (das später für den Tango typischste Instrument) erschaffen. Als Tanz entstand hier auch der Walzer und Ländler mit seinen Drehungen.

Unsere Wurzeln sind naturgemäß irgendwo auf der Welt mit einer oder auch mehreren Kulturen verknüpft. Wir sind uns dessen meistens nicht bewusst, jedoch wir spüren es und da liegt auch unser Geheimnis.

Es ist wie ***eine Reise ins eigene Glück***, zu finden, was sich hinter diesem Geheimnis verbirgt.

Klänge eines Tanzes sprechen ihre eigenwillige Sprache...der Rhythmus ist entscheidend. Mal beruhigt und entspannt er uns, mal befinden wir uns in Ekstase.

Der Tango Argentino,

mit dem wir unsere Philosophie zum ***Unternehmenstanz*** bereichern, entwickelte sich um die Jahrhundertwende, ca. 1900. Seinen Ursprung fand er am Rio de la Plata, in Buenos Aires.

Er gehört seit September 2009 zu den Meisterwerken des mündlichen und immateriellen Erbes der Menschheit der UNESCO und zählt zum Kulturerbe der Menschheit.

Der Tango Argentino drückt sich als Musikrichtung und Dichtung, mit Texten aus Schicksalen des Lebens aus, es gibt unterschiedliche Tanzvarianten. **Zu unterteilen** ist er in Tango, Milonga und Walzer: Die Charakteristik des Tangos ist tendenziell langsam und symbiotisch, die Milonga schnell und fröhlich und der Walzer ist schwingend und befreiend im Ausdruck.

Viele Tangostücke weisen Wechsel im Rhythmus auf

Wie im beruflichen und privaten Leben wechseln sich langsame Passagen mit schnellen ab. Diese unterschiedlichen Tempi gilt es zu interpretieren. Dabei gehen die Partner verständnisvoll und sensibel aufeinander ein.

Ein weiterer wichtiger Bestandteil ist, sicher zu stehen, die Balance zu spüren (eigene Achse), das Gleichgewicht zu halten, auch um jeden weiteren Schritt zu jedem Zeitpunkt unterbrechen zu können.

Wenn wir uns im Einklang mit uns,

der Musik und dem Takt befinden, können wir immer wieder neue Elemente hinzu fügen.
Wir können gestalten, kombinieren, neu erfinden. Besonders wichtig ist, dass diese Veränderung bis ins tiefste Innere gefühlt wird.
Dort entstehen die Zeichen der inneren Führung. Es gilt diese unbedingt zu beachten.

Unsere tänzerische Bewegung bewegt sich auch in Pausen

Tangomusik spielt in Takt und Pausen, sie unterstreicht die ausdrucksvolle Körpersprache, die uns dieser Tanz schenkt.
Taktgefühl und Präsenz sind wichtige Formen im beruflichen Alltag. Sie fordern uns auf, auch dem Gegenüber Zeit einzuräumen.

Exkurs: Kontext Unternehmen

„Jedes Unternehmen hat seinen eigenen Rhythmus, es befindet sich im optimalen Zustand, in guter Schwingung zum gesamten Gesellschaftssystem.
Es möchte keinen Stillstand!
Innovation, ein bekanntes Sprichwort.
Entwicklungen werden zu Elementen und sie werden mit neuen Ideen umgesetzt. Große wie auch kleine Projekte entstehen durch die *Zeichen* dieser Zeit und sie werden hauptsächlich durch eine *innere Führung* von Menschen aktiv.

gegenüber aller Beteiligten, um zu regenerieren, sind wichtige Schritte für eine perfekte Veränderung. Teilweise übernehmen einzelne Personen die *Führung* des Rudels und *folgen* außergewöhnlichen Ideen aus dem Team.

Ein Betrieb möchte sich in der Balance befinden, um seine Gesundheit zu erhalten, denn jeder weitere Schritt führt die Beteiligten dazu, das Gleichgewicht zu spüren oder die Balance zu verlieren.

Deshalb ist der langsame Schritt ebenso wichtig wie ein schnelles Schreiten zur Sache, so zeigt der Rhythmus sowohl ein pragmatisches als auch ein spirituelles Gesicht!“

Die Archetypen Liebe und Vergehen beziehen sich auf die Nähe und Distanz, auf das Annehmen und Lösen!

2. Kapitel:

Gedanken aus dem waren Leben der *JETZT Zeit*

von Mona und Ute

Lebenssachverhalt:

Um diesen zu ermitteln, benötigen wir Ihre persönlichen Lebensumstände, das bedeutet, die gefühlte und gelebte Situation, in der Sie persönlich und Ihr Arbeitsumfeld sich gerade befinden.

Z.B. Erfolgserlebnisse, Erschöpfung, Überarbeitung, Euphorie, Burn-out, Resignation, Beispiele in alle Richtungen sind denkbar.

Und wie steht es dazu mit unserer eigenen Kommunikationsfähigkeit?

Wir kommunizieren ununterbrochen mit uns selbst, tags und nachts. Jede Sekunde sprechen wir uns an, um unsere Entscheidungen zu bedenken, zu verändern, sie abzuwägen, uns manchmal auch selbst einen Bären aufbinden und unehrlich mit unseren eigenen Gedanken verfahren. Unsere Träume verraten so manches, doch wer ist in der Lage, sie immer richtig zu deuten?
Schauen wir morgens in den Spiegel und nehmen uns lächelnd und warmherzig wahr, dann haben wir bestens mit uns selbst kommuniziert. Jedoch eine verknitterte Maske im Spiegel hat auch ihr Gesicht und fordert uns auf, den *Tanz* neu zu beginnen.

Seien wir ehrlich zu uns selbst und stellen uns den Fragen

Wir können diese mit **Ja, weiß nicht,** so auch mit **Nein** beantworten

Fällt es Ihnen leicht, Ihre Körpersprache wahr zu nehmen?
Können Sie die anderen Menschen deuten?
Nehmen Sie Sympathie bei Fremden wahr?
Können Sie es sehen und fühlen, wenn ein Mensch unehrlich ist?
Verbinden Sie gesprochene Worte mit den Signalen des Körpers?
Zeigt sich Ihre Stimme zu Ihrem Körper eher leise oder sehr kräftig?
Fühlen Sie Ihre eigene Präsenz?
Ist Ihr Körper dynamisch und aufrecht in Haltung und Gang?
Haben Sie ein Gefühl zu Ihrer Mitte, der inneren Balance?
Wie zeigen sich euphorische Situationen bei Ihnen, was bedeuten diese für Sie?
Befinden sich diese im Einklang mit Ihrem Gefühl?
Haben Sie regelmäßig Erfolgserlebnisse?
Welches war das größte davon?
Haben Sie sich dabei wohl gefühlt?
Wissen Sie, wer daran beteiligt ist?
Ist es eine Motivation, darüber nachzudenken, weitere Personen ins Erfolgserlebnis mit einzubeziehen?
Waren Sie schon mal absolut erschöpft?
Wissen Sie, wie Sie solche Situationen vermeiden können?
Kommen andere Personen häufig mit ihren Anliegen zu Ihnen?
Spüren Sie, wenn jemand in schlechter Stimmung ist?

Das Resultat dieser Fragen

möchte Ihnen die Möglichkeit geben, Ihr eigenes Wahrnehmen zu schulen. Schauen Sie deshalb in den Spiegel, um eine Handlung, z. B. Zähne putzen durchzuführen, oder sehen Sie das Gesicht dahinter, Ihre Gefühle dazu, Ihr Lächeln, Ihre Verzweiflung. Wenn sich Menschen öfter als gewöhnlich Ihnen zuwenden, dann besteht die Gefahr, dass Sie sich überfordern, dass Sie Ihre Grenzen nicht genügend beachten. Schlechte Stimmung kann von Menschen mit gesunder Distanz aufgefangen werden, doch in dem Moment, in dem sich diese Stimmung auf Sie überträgt, fehlt Ihnen auch das eigene Wahrnehmungsgefühl.

Wenn Ihre Stimme mit kraftvollen Klängen versehen ist, bekommen Sie dieses durch Ihre Mitmenschen gespiegelt. Es besteht jedoch auch die Möglichkeit, Ihre Stimme mit aller Präsenz an sich selbst zu richten. Sprechen Sie sich selbst laut, deutlich, klangvoll, am besten vor dem Spiegel an.

Nehmen Sie Ihren dynamischen Gang, die schwungvollen Bewegungen jederzeit, auch unterwegs, wenn möglich, in den Schaufenstern, wahr. Dort haben Sie täglich eine Möglichkeit, Ihren Körper in allen Facetten wahrzunehmen.

Menschen, die an Ihnen vorüber gehen, werden von Ihnen beurteilt, meistens in Form von Interpretationen, denn wir haben nur einen ersten Eindruck. Umgekehrt ist es ebenso, Sie werden wahrgenommen von anderen und wundern sich vielleicht, warum es Ihnen eine Befindlichkeit zeigt. Schauen Sie sich an, akzeptieren Sie sich, werden Sie frei dafür, nehmen Sie die Botschaft an, um eine gesunde Nähe und Distanz zu entwickeln.

Nähe und Distanz

ist ein zentrales Thema im Tango Argentino, so auch in unserer Philosophie des Unternehmenstanzes.
Wir lassen uns auf Jemanden ein, fühlen Sympathie, mögen den anderen riechen und verbinden uns zu einer Einheit von schwingenden Bewegungen, mit dem Gefühl, dass alles möglich sein kann. Der Anspruch von Nähe ist gleichermaßen vorhanden und ein Jeder, der diesen Tanz ausführt, akzeptiert auch das Trennen, sich Lösen, um den eigenen individuellen Weg fortzusetzen.
Bestenfalls im Einklang mit allen daran Beteiligten.
Menschen, die Burn- out gefährdet sind, haben die Distanz verloren und häufig geraten sie in eine isolierte und resignierte Lebenssituation.
Die Philosophie zeigt uns das interessante Konzept zur Anwendung von Prävention.

Ute, meine Erfahrungen zum Thema Tanz.

Kann Tanzen Schmerz beseitigen?
Zu Zeiten meiner Scheidung ging ich durch starken Trennungsschmerz und lebte mit meinen zwei damals noch kleinen Kindern. Ich tanzte in einem dunklen Raum. Kundalini Rhythmen dröhnten aus den Lautsprechern. Einige Menschen um mich herum, ich sah sie nicht, sondern fühlte nur den Schmerz. Tränen, Bewegung erst zart, dann kräftiger, irgendwann ekstatisch. Das Tanzen befreite mich, mein Geist klärte sich und füllte meinen Körper mit Stabilität. Ungefähr eineinhalb Jahre lang habe ich diese dynamische Tanzmeditation durchgeführt und ich war frei von dem Schmerz meiner Seele. Ich fühlte die Kraft für einen neuen Anfang, für mich, für meine kleine Familie. Ein großartiger Anfang für uns alle begann.

Mona, meine Erfahrungen zum Thema Tanz:

Zu Zeiten der Vorbereitung meines 2. juristischen Staatsexamens litt ich unter Depressionen bis hin zum Nervenzusammenbruch, einhergehend mit Essstörungen, Schlaflosigkeit, starker Migräne und Fibromyalgie.

Mein Körper rebellierte gegen meine damalige Realität, ich lebte offensichtlich nicht nach meiner Bestimmung, dies spiegelte mir mein Körper sehr klar wieder.
An einem strahlenden Herbsttag erwachte ich und konnte nicht aufhören, zu weinen.
Ich ging zum Doktor, der mich damals mit Akupunktur gegen meine Migräne behandelte. Ich wollte von der Behandlungsliege nicht mehr aufstehen, ich weinte einige Wochen lang ohne Unterbrechung und baute dabei körperlich und psychisch stark ab.
Mein Umfeld war völlig ratlos. Jetzt war allen um mich herum klar, dass etwas in meinem Leben grundsätzlich nicht stimmte.
Ich versuchte alles, um meine mysteriöse „Krankheit" zu heilen, suchte Spezialisten, Ärzte, Augendiagnostiker, Homöopathen und Psychologen auf.
Es gab Namen für die Symptome meines Leidens, Medizin und Pharmaka, die dagegen verschrieben werden.
Doch nichts davon half mir, die Symptome hielten an, ich fühlte mich schwer krank und steuerte auf eine Katastrophe zu.

Beispiel: Lebenssachverhalt Frederik

Frederik hatte einen Familienbetrieb, einen Modeversand, ausgebaut. Es gab immer wieder Auseinandersetzungen mit seiner unerbittlichen und überaus autoritären Tante Irene, die den Betrieb vor Jahrzehnten gegründet hatte.

Auch nach Übertragung auf ihren Neffen war sie bestrebt, ihre eigenen Vorstellungen durchzusetzen und duldete Frederiks Ansichten zu Marketing und Betriebsführung nicht. Ab und zu kam es zu heftigen Auseinandersetzungen zwischen ihnen. In den Momenten des Streits fühlte Frederik oft einen durchdringenden Rückenschmerz und anschließend häufig eine diffuse und unbestimmte Trauer.

Nach anfänglichen Durststrecken lief das Geschäft allmählich gut und prosperierte. Frederik stellte nach und nach neue Mitarbeiter ein, bald war aus dem kleinen 3 – Personen Betrieb ein mittelständisches Unternehmen geworden.

Trotz der guten Entwicklung des Betriebs verschlechterte sich die Beziehung zwischen Irene und Frederik zunehmend. Irene unterstellte Frederik zu Unrecht immer wieder Veruntreuung und Misswirtschaft. An einem Tag erwachte Frederik und konnte sich vor Schmerzen nicht mehr bewegen. Er kam ins Krankenhaus, es wurde ein Bandscheibenvorfall diagnostiziert. Frederik konnte operiert werden, doch war er vorerst nur sehr eingeschränkt einsatzfähig.

3. Kapitel

Reisen ins eigene Glück und wie finden diese statt?

Ute Ergebnis Lebenssachverhalt

Irgendwann kam die Zeit, in der sich mein Leben auf besondere Art zu verändern begann. Meine Kinder waren inzwischen alt genug und fingen an, ihr eigenes Leben auszuprobieren.

Daheim tanzte ich oft, meistens allein, häufig dann, wenn ich erschöpft von Beruf und alltäglichen Verpflichtungen war. Tanzen tat schon immer gut. Dass sich das auch noch einmal ändern könnte und dass Tanzen nicht gleich Tanzen ist, möchte ich in dieser kleinen Geschichte erzählen.

Kurz bevor

sich die Grenzen öffneten, saß ich im alten Esplanade, eine Hotelruine, im ehemaligen West-Berlin. Ein Freund lud mich ein und erzählte mir vom Tango Argentino, den Menschen dort tanzten.

Es gab eine Räumlichkeit die noch für Besucher zugänglich war und zwar der berühmte, heute unter Denkmalschutz stehende Kaisersaal. Er wurde nach dem Mauerfall in einer spektakulären Luftkissenaktion aus den Ruinen des Esplanade Hotels in das Sony Center am Potsdamer Platz verschoben. Schon in den 20ger Jahren trafen sich dort Bohemiens, Industriemagnaten, Künstler und Filmstars zum Tanztee. Szenen aus dem Wim Wenders Film *Cabaret* wurden dort ebenfalls gedreht.

Ich war ja nur Voyeur, sah mir das ganze Spektakel an. Musik des alten Astor Piazzolla, Carlos Gardel, kratzige Schallplatten, schon damals auf

CDs gebrannt und Menschen verbunden mit der Bewegung dieses für mich noch fremden Tanzes. Introvertierte, elegische Gesichtsausdrücke von Männern und Frauen. Sie waren alle in einer eigenen Welt und ich sah zu, staunte und war auf höchstem Niveau fasziniert.

Ja, damit begann ein neues Leben für mich. Ich wollte, musste unbedingt genau diesen Tanz lernen. Nichts hielt mich mehr ab. Ich integrierte Tango in mein Berufsleben, in mein privates Leben, in meine beruflichen Seminarreisen, war süchtig danach, jeden Tag diesen Tanz zu tanzen. Und er wurde bis zum heutigen Tag Teil meines Lebens.

Ute Ich erlaubte mir selbst diese Fragen zu stellen:

Macht Tanzen glücklich, kann Tanzen Schmerz beseitigen? Kann ich mit Tanzen Probleme auflösen? Gibt mir Tanzen Lebenskraft? Kann ich, wenn ich tanze, überhaupt noch denken?
Wenn ich tanze, dann denke ich nicht, oder besser gesagt, nicht mehr. Ich überlasse meine Dreifaltigkeit Körper-Geist-Seele den universalen Kräften. Dabei vergesse ich alles um mich herum, bin nur noch im Jetzt-Zustand. Dann fahre ich mit meinen Sinnen bis in den kleinsten Winkel von Körper Geist und Seele.
Ich höre die Musik, spüre die Schwingungen meines Seins, sehe den Körper des Anderen, schmecke Atem und rieche den Duft einer gemeinsamen Ausstrahlung. Bestenfalls erreiche ich den sinnlichen Genuss zwischen Mann und Frau und werde ein Gesamtkunstwerk.
Wenn ich aus diesem Zauber wieder in die Gegenwart komme, fühle ich eine große Kraft in mir und kann mir diese im beruflichen, wie auch privaten Alltag zu Nutze machen. Mein Geist sprüht voller Ideen, Projekte bekommen neue Gesichter. Mein Antlitz lächelt und so schaue ich auch in lächelnde Gesichter.

Anmerkungen zum Tango

Ute Immer, wenn ich vom Tango zu Freunden spreche, dann ist die Reaktion. “Ach ja, Tango, hab ich auch mal in der Tanzschule gelernt!“ So hat der argentinische Tango jedoch nichts mit dem deutschen Tango des herkömmlichen Standardtanzes zu tun.

Als ich diesen argentinischen Tanz studierte war ich etwas erstaunt, er zeigte mir lauter geometrische Figuren an. Ich sah die Männer mit Blättern in der Hand und sie zeichneten ihre Schrittfiguren auf. Nun, heute verstehe ich es, wenn wir diesen Tanz pragmatisch betrachten, hat er in der Tat fast 450 verschiedene Schrittkombinationen. Doch schon nach kurzer Zeit und Übung schloss ich die Augen, vergaß die Schrittfolgen, sondern fühlte diese nur noch. Sie wurden wie ein Teil von mir, was für eine Erfahrung!

Mona Oft höre ich von nicht tanzenden Bekannten zum Tango das Zitat Georg Bernhard Shaws: „Der Tango ist der vertikale Ausdruck eines horizontalen Verlangens.“ Eine eindeutige Anspielung auf die Erotik, die im Tango spürbar ist, die die Betrachter wahrnehmen. Ich kann sie gut nachvollziehen, denn der Tango hat definitiv eine erotische Seite.

Dennoch stört mich manchmal die Verallgemeinerung und Reduzierung auf diesen einen Aspekt dieses Tanzes. Denn Tango verkörpert weit mehr als Erotik.

Er ist eine tiefe Verbindung, die sich in den vielen Fassetten des Lebens ausdrücken kann.

Die Fixierung auf Erotik ruft viele Missverständnisse und zum Teil Ängste hervor, die überflüssig sind.

Die ganze Bandbreite von Emotionen ist in unserem Tanz vorhanden, von Heiterkeit bis hin zur Aggression.

Mona Ergebnis Lebenssachverhalt

Doch etwas erhielt mich damals in meiner Krisensituation lebendig:
Die einzigen Momente, in denen ich mich gesund fühlte, waren, wenn ich mit meiner letzten Kraft meine Tanzkurse erreichte, ethnische Rhythmen erklangen und ich mich selbstvergessen dem Tanz hingab. In diesen Momenten fühlte ich keinen Schmerz, keine Trauer, sondern erlebte jedes Mal mit Erstaunen, welch kraftvolle Energie und Lebensfreude noch immer in mir freigesetzt werden konnte.
Ich erkannte, dass mein tiefstes inneres Sein nach wie vor gesund war. Diese wunderbare Erkenntnis hatte ich meiner Intuition zu verdanken, die mich selbst nicht aufgeben ließ, sondern zum Tanz führte, in dem ich meine Genesung fand.
Diese Kraft wies mir nach und nach den Weg zu einem selbstbestimmten, glücklichen Leben im Einklang mit meiner inneren Stimme. Wenig später entdeckte ich den Tango Argentino in Berlin, der mir die Spiritualität in der Bewegung zu zweit eröffnete. Der Tanz ließ mich mein Leben grundsätzlich verändern.
Nach Befreiungen von alten Mustern fand ich den Mut, meine Karriere als klassische Anwältin im Bundestag in eine neue Richtung zu lenken.
Ausgebildet als Rechtsanwältin und als Pianistin (Konservatorium) erkannte ich meine Berufung, mich für die Kreativität der Menschen einzusetzen. Diesen Vorsatz verwirklichte ich in „Monas Tangosalon" in Berlin. Es war mein Beginn, mit dem Tango Argentino alle denkbaren Möglichkeiten zu eröffnen, meine Liebe zu Musik und Tanz weiter zu geben. Aus meiner Erfahrung weiß ich, wie notwendig es ist, die eigene Kreativität zuzulassen. Sämtliche meiner zahlreichen Krankheitssymptome verheilten ohne Ärzte und Pharmaka. Allein der Entschluss, meiner inneren Stimme zu folgen, ließ mich nach und nach vollkommen gesund werden.

Mona Impressionen Tango Berlin, 2010

Der Tänzer kam direkt auf mich zu.
Ich hatte ihn bereits auf der Tanzfläche gesehen, insgeheim bewundert, er tanzte leidenschaftlich und elegant.
Er reichte mir die Hand.
Ich stand auf und folgte ihm auf das Parkett.

Dann geschah es.
Er führte, drehte und wendete mich, ich bog mich, meine Beine glitten an seinen auf und ab, fanden zu ihm, entfernten sich, fanden neue Schwingungen.
Eine unbekannte Spannung erfasste mich, verschlug mir den Atem, mein Herz klopfte wie wild. Wir sprachen kein einziges Wort.
Wir sprachen die zeitlose Sprache der Bewegung.
Unsere Körper folgten einem tieferen Verständnis.
Immer wieder verhakten sie sich, er deutete an, zart. Ich fühlte mich leicht wie eine Feder über den Tanzboden gleiten im Raum ohne Zeit.
Diese Sprache war stärker als jedes Wort.
Wir waren versunken, zwei magische Augenpaare hatten sich getroffen, es war, als kannten wir uns schon sehr lange.
Wir traten ein in das Universum der Ewigkeit. Es war die Erotik der Spannung und Andeutung, stärker, näher, intimer und distanzierter als jedes Liebesspiel, Fantasie ohne Grenzen. Ich spürte seine Verwegenheit und seine Absolutheit in jeder seiner Andeutungen. Er spürte meine selbstvergessene Hingabe in meinen Antworten.

Leidenschaft. Ekstase. Defloration des Tangos.
Ich durchschritt das Tor der Mühen und betrat den ersehnten Kosmos.

Für diese Momente

hatte ich Tango gelernt, mich von unterschiedlichsten Tänzern mal unbeholfen, mal zerrend, mitunter kämpfend über den Tanzboden ziehen lassen. Dies hingegen war feinstoffliche Kommunikation, ein Schweben in der Spannung zwischen Nähe und Distanz.
„Gracias" war das einzige Wort, das wir zum Abschied austauschten.
Dann verschwand er.
Der magische Blick begleitete mich weiterhin.

Anmerkung:

Ute Dieses schöne Erlebnis von Mona zeigt die *Mehrdeutigkeit* und *Faszination* des Tangos, der sich auch in *Unternehmenssituationen* durchaus wieder finden kann. Sinnliches Empfinden zu bestimmten Menschen findet auf allen Etagen mitunter statt. Das Leben soll uns in allen Facetten berühren, egal wo wir uns auf der Welt befinden. Es bereichert uns, verschönt auch das berufliche Geschehen.
Wir leben zwischen Liebe und Vergehen, so ist es im Tango das Spiel, welches uns zusammenführt und anschließend wieder trennt. Einen kleinen Moment des Lebens meinen wir etwas zu besitzen. Einen Moment der Liebe? Ein weiterer Moment des Vergehens!

Erinnern wir uns an Ausschnitte aus dem Satz „ Die Bewegung in uns, ist gepaart mit dem Geist, der eine gemeinsame Schwingung vollziehen wird." Mit wem auch immer diese Paarung statt findet, sie begleitet uns unbewusst und führt uns um Neues zu entdecken. So kommen wir immer wieder in den Fluss der Bewegung!

Ergebnis Frederik

Zwei Jahre später buchte Frederik den Unternehmenstanz für seinen Betrieb, vorerst für einen Tag. Inzwischen war die Situation zwischen Tante und Neffen so verhärtet, dass sie kein Wort mehr miteinander wechselten. Drei der wichtigsten Mitarbeiter wurden chronisch krank und fielen immer wieder aus.

Diagnose: Burn- out. Die Bilanz des laufenden Jahres war entgegen der vorherigen Jahre besorgniserregend.

Zu sechst in der *Unternehmenstanz- Gruppe* begegneten sich Tante, Neffe und die hauptverantwortlichen Mitarbeiter neu.

Der erste Seminar-Tag war anstrengend und intensiv. Die Trainerinnen brachten schwungvolle, erheiternde Energie, so beschloss Frederik intuitiv, das Seminar auf einen Monat auszuweiten.

Am Ende der 3. Woche veränderte sich die Beziehung zwischen Neffe und Tante. Auf einmal war eine neue Kommunikation zwischen ihnen möglich. Nach tiefer Auseinandersetzung mit den Trainerinnen kristallisierte sich die Ursache des Konflikts zwischen Neffen und Tante heraus:

Es war ein Kindheitstrauma der Tante, das mit dem frühen Tod der eigenen Mutter zu tun hatte, welches sie unbewusst auf ihren Neffen übertragen hatte. Frederik hatte ihre unbestimmte Trauer immer gespürt und war nach und nach selbst krank geworden. Mit der Erkenntnis der Ursache konnten sie sich zum ersten Mal seit Jahren wieder einmal in den Arm nehmen, eine bislang unbekannte Nähe und eine große Erleichterung wurden fühlbar. Der Konflikt war gelöst. Ein Jahr später wiederholten sie den Unternehmenstanz.

Inzwischen hatten sich auch die Mitarbeiter vom Stress erholt und waren wieder gesund. Das 2. Seminar wurde ein wahrer Freudentanz.

Heute gehört das Unternehmen zu den Marktführern Deutschlands.

Gibt Tanzen Lebenskraft?

Tanzen bringt Menschen zueinander, so zeigt auch das Beispiel Frederik, Tante Irene und die einleuchtende Erkenntnis, dass gehandelt werden musste. Es hat eine Weile gedauert, wir haben jedoch gute Überzeugungsarbeit geleistet. Die Macht des Unternehmenstanzes ist ein Paradebeispiel für die Kraft, welche sich durch körperliche, geistige und emotionale- seelische Bewegung entwickeln kann.
Tanzen zeigt unser wahres Gesicht, das wahre Gesicht ist der Körper mit seiner unendlich großzügigen Körpersprache, seiner Mimik, der Gestik und dem Charisma. Er zeigt unsere Balance, unsere Präsenz, stellt den Führenden als auch den Folgenden dar.

Tanzen ist reine Lebenskraft

Die meisten von uns spüren es unmittelbar, sei es selbst als Tänzer/in, sogar als Betrachter/in fühlen wir diese Kraft.
Häufig sind Frauen eher bereit, diese Wahrnehmung zuzulassen und empfinden eine starke Sehnsucht nach dem Ausdruck im Tanz. Glücklicherweise entwickeln auch viele Männer eine tiefe Leidenschaft für den Tanz, sobald sie sich einmal darauf eingelassen haben. Viele Frauen bedauern, dass ihre Partner sich dem Tanz so wenig öffnen.
In Seminaren sehen wir häufiger leuchtende Frauenaugen als blitzende Herrengesichter.
Auf einem Stuhl sitzend, sprechend und mit dem entsprechenden Tisch-Hindernis dazwischen kann Mann/Frau scheinbar Einfluss und Schreck verbreiten.
Doch schon im Stand, ohne Grenze und im Gang zeigt sich ein Mehr an Persönlichkeit...

Sprichwort: *„Der Körper sagt mehr als tausend Worte!"*

Verbale und nonverbale Regeln spielen im Tanz eine untergeordnete Rolle. Beim Tanzen geht es um Gefühl, um Intuitionen, um Emotionen, um die Seele und den Menschen als GANZHEIT und um das Hier und Jetzt. Und das steht unter dem Motto LEBENSKRAFT!

Kann Tanzen Probleme lösen?

Im Führungskräfteseminar

Manager hatten Probleme mit einem Projekt. Ein ganzes Jahr wurde damit verbracht, dieses in den Handel zu bringen. In den letzten drei Monaten fielen drei Projektmitglieder durch Krankheit und andere Unzulänglichkeiten aus. Der Ersatz konnte sich nicht schnell genug einarbeiten. Eine größere Katastrophe bahnte sich an. Erhebliche Summen steuerten das Ganze in ein finanzielles Fiasko, das Unternehmen plante bereits, in die Insolvenz gehen.
Der Tanz...*ein Unternehmenstanz für das Projekt* führte schlussendlich zur Lösung.
Alle, auch die neuen Projektmitglieder, wurden in eine gemeinsame Sache involviert. Sie stiegen zunächst einmal aus dem Projekt aus, obwohl dieses hoch aktuell war und in den Handel musste. Einen ganzen Tag verbrachten sie mit einem p*rojektorientiertem Unternehmenstanz. Anschließend* erfand sich das Team neu. Es kam zu einem *Perspektivenwechsel* auf ganz besondere Art.

Sie erfuhren sich selbst plötzlich ganz neu. Sie spürten in sich Gelassenheit, entschleunigten ihr normales Tempo einen ganzen langen Tag und ließen sich auf die tänzerischen Bewegungen des Körpers ein, die ihren Geist beflügelten.
Ihre Seelen verbanden sich in der Einheit von Musik und der daraus entstandenen Gruppendynamik.

Fazit: Das Projekt läuft, der Handel profitiert, der Umsatz ist erfolgreich.

Das Team hat sich neu erfunden und somit für die Zukunft und weitere Projekte bereichert.

Mit der Philosophie dieses Tanzes

bringen sich Unternehmen zum Blühen, setzen selbst heilende Kräfte frei, wecken den Teamgeist, führen sich auf interessante Weise zusammen und klären Konfliktsituationen auf.
So kommen sie miteinander in einen fließenden Zustand!

Ein besonderer Unternehmensfall

Lebenssachverhalt: AB – GmbH (40 Mitarbeiter)

Perspektive Chef Alfred:

Das Unternehmen besteht seit 50 Jahren, zum 1.1.1960 gegründet, ein ehemaliges Familienunternehmen, das inzwischen von Chef Alfred (68 Jahre) geführt wird. Es handelt sich um die Herstellung wichtiger Gebrauchsgüter in der deutschen Wirtschaft.

Die Entwicklung der AB-GmbH war zahlreichen Schwankungen unterworfen. In den Jahren 1990 – 2002 konnte sie hohe Gewinne verzeichnen. Damals war es üblich, den Mitarbeitern eine prozentuale Gewinnbeteiligung in Form von Prämien auszuzahlen. Die Auszahlungen der Prämien wirkten positiv auf den Teamgeist und spornten die Mitarbeiter an, ihr Bestes zu geben. Es waren positive Zeiten in der Firma. Das Unternehmen florierte, die Mitarbeiter kamen gerne zur Arbeit, brachten ihre eigenen Ideen mit ein, die sie erfolgreich umsetzten, es gab kaum Fehlzeiten aus Krankheit.
Beim jährlichen Unternehmenswettbewerb gewann es im Jahre 1998 einen Preis für Mitarbeiterführung.

Es war offensichtlich:
Den Mitarbeitern ging es in der AB – Firma sehr gut, sie verdienten ein vergleichsweise gutes Gehalt, erfreuten sich am guten Betriebsklima und an ihrem relativ hohen Lebensstandard. Die Jahrtausendwende verbrachten sie gemeinsam und feierten den runden Geburtstag des Unternehmens.

Mit der Umstellung auf den Euro kam es zu einem Rückgang der Gewinne ab den Jahren 2002/03. Anfangs war es ein schleichender, kaum wahrnehmbarer Prozess. Noch im Jahre 2002 beteiligte Alfred seine Mitarbeiter wie gewohnt mit den üblichen Prämien und hoffte, es ginge ab 2003 wieder aufwärts mit den hohen Umsätzen.
Doch der Markt veränderte sich zu seinen Ungunsten, der Konkurrenzkampf stieg und die Umsätze sanken weiterhin.
Alfred musste reagieren und versuchte auf jeden denkbare Weise, Betriebskosten einzusparen. Er reduzierte von Jahr zu Jahr die Prämien und entließ einige Mitarbeiter. Doch auch dies führte nicht zur erhofften Verbesserung der wirtschaftlichen Verhältnisse.
Im Jahre 2008, im Zuge der allgemeinen Weltwirtschaftskrise ging er dazu über, die Prämien vollkommen einzustellen.
Neben den sinkenden Umsätzen und den allgemein unter Unternehmern herrschenden Existenzängsten kam hinzu, dass sich das allgemeine Betriebsklima stark verschlechtert hatte. Inzwischen gab es öfter Probleme unter den Mitarbeitern. Mobbing, viele Krankheitsfehlzeiten, bei einem Mitarbeiter wurde sogar ein Burn - out Syndrom diagnostiziert.
Manchmal wusste Alfred nicht mehr weiter, er fühlte sich schlicht überfordert. In solchen Momenten kam seine autoritäre Erziehung durch, er teilte kurze, klare Befehle aus und reagierte bei Widerspruch cholerisch.
Unter den Mitarbeitern machte sich allgemeiner Unmut breit. Es entwickelten sich mehrere Fronten.
Die eine Gruppe stand hinter Alfred und bemühte sich, ihm alles „recht zu machen“. Die andere Gruppe lehnte sich auf und ging sogar so weit, sich Rechtsrat einzuholen und vor das Arbeitsgericht zu ziehen. Die übrigen fühlten und verhielten sich wie „Einzelkämpfer“ und zogen sich aus der Mitarbeitergemeinschaft zurück.

Alfreds Gesundheitszustand

verschlechterte sich rapide. Er litt unter Schlaf- und Herz-Rhythmus-Störungen und konnte keine Entspannung finden. Seine Ehe ging zu Bruch, zu seinen zwei erwachsenen Kindern verlor er den Kontakt.

Am 10.10.2010 bekam Alfred von seinem um seinen Gesundheitszustand besorgten Freund Markus einen zweiwöchigen „philosophischen Unternehmenstanz“ geschenkt.

Perspektive Mitarbeiter John, 46 Jahre:

John war seit knapp drei Jahrzehnten Mitarbeiter in der AB-Firma. Als Wissenschaftler ausgebildet, war er der gute Geist der Firma.
Er kannte alle Abläufe der Arbeitsvorgänge, alle Zusammenhänge, alle wissenschaftlichen Erneuerungen, alle Betriebsgeheimnisse. Er arbeitete flink, war rasch in der Auffassungsgabe. Er hatte das Talent, andere mit seiner Begeisterung mitzureißen und trat dabei selbstbewusst auf.
Alfred war sich Johns Leistungsfähigkeit sehr bewusst und hatte seine Fähigkeiten anfangs mit großzügigen Prämien honoriert, einige große Aufträge waren allein Johns Kompetenz zu verdanken.

Mit den wirtschaftlich angespannten Zeiten wurden auch Johns Prämien gekürzt und ab dem Jahre 2008 vollkommen eingestellt, Gehaltserhöhungen gab es keine mehr. Zudem erlebte John eine familiäre „Finanzkrise“. Er hatte über mehrere Jahre hinweg die Schulden seiner Familie abzutragen (ohne diese verursacht zu haben) und daneben seine uneheliche minderjährige Tochter zu versorgen, von seinem Gehalt am Monatsende blieb ihm kaum etwas übrig.

Er arbeitete weiterhin hart und anspruchsvoll, mit der Zeit fühlte John sich körperlich ausgebrannt und gelegentlich sogar depressiv.
Er empfand nicht mehr die ursprüngliche Freude wie früher in seiner Tätigkeit, sondern fühlte sich merkwürdig leer.
Früher war er enthusiastisch an jede Herausforderung herangetreten, voller Begeisterung und Freude zur Arbeit gegangen. Heute litt er häufig unter Migräne, Rückenschmerzen und einem unerklärlichen Gefühl von Lebensangst.
Er kam morgens kaum auf die Beine und war ständig erschöpft. Er empfand innerlich Zorn gegen seinen Chef und wünschte sich mehr Unterstützung in seiner schwierigen Situation.
Es war demotivierend für ihn, gleich bleibend hochwertige Leistungen zu erbringen und dabei verhältnismäßig weniger Gegenleistungen in Form von Gehalt zu bekommen.
Er suchte mehrfach das Gespräch mit Alfred, doch dieser wich ihm aus. John fühlte sich nicht genug geschätzt und empfand die Situation als unerträglich. Oft suchte ihn eine solch starke Migräne mit Übelkeit und Erbrechen heim, dass er krankgeschrieben werden musste und arbeitsunfähig war. Auch seine Krankheitsfehlzeiten summierten sich.

Dies wiederum hatte zur Folge, dass wichtige Aufträge nicht fristgerecht erledigt werden konnten, die dafür nötigen Tätigkeiten konnte nur John ausführen, niemand anders im Betrieb kannte sich so gut aus wie er. Wenn er die Aufträge nicht oder mit Verzögerung zu Ende führte, trafen auch die entsprechenden Gewinne somit verzögert oder gar nicht ein.

Diese Situation verärgerte wiederum Alfred

John fühlte sich sehr stark *im „Hamsterrad“* gefangen, zerrieben von dem starken Wunsch, alles in seinem Leben zu verändern, den Betrieb zu verlassen, sein eigener Herr zu sein, unabhängig zu leben mit der Wertschätzung und dem entsprechenden Salär für seine hohen Fähigkeiten, und dem starken Verantwortungsgefühl seiner Familie gegenüber, als der Betrieb mit dem Geschenk des *„philosophischen Unternehmenstanzes“* überrascht wurde.

Seminar „Philosophischer Unternehmenstanz“

Es war ein strahlender Herbsttag, als die beiden Trainerinnen die AB-Firma besuchten. Als erstes erfolgte ein Vorgespräch mit Alfred, in dem die Trainerinnen ihm die Vorgehensweise erläuterten. 2 Wochen standen ihnen zur Verfügung, also 10 Werktage, die auf einen Monat verteilt waren, für die gesamten 40 Mitarbeiter.
Alle sollten zum Zuge kommen dürfen, aus allen Abteilungen. So schlugen die Trainerinnen vor, Gruppen zu je 4 Teilnehmern einzuteilen. Die Verteilung erfolgte per Zufallsprinzip, es wurden 10 Gruppen von A bis J eingeteilt und jeder zog seine Gruppe per Los. In diesem Fall war gewährleistet, dass alle Mitarbeiter aus allen Etagen, einschließlich des Chefs, am Seminar teilnahmen.
Da Alfred ein großer Klavierliebhaber war, mietete er für einen Monat ein schönes Instrument an, das in die große Fabrikhalle unter der Firma platziert wurde. Hier war es hell und geräumig.

Es wurde die Besonderheit vereinbart,
das bei der Abschlussmeditation
mit Klaviermusik
immer alle Mitarbeiter
nach Lust und Laune teilnehmen
konnten und in dieser Zeit
nicht bei der Arbeit anwesend sein mussten.

Dies sollte ein Geschenk
für alle Mitarbeiter
und zugleich ein Experiment
dahingehend sein,
wie sich eine regelmäßige
Abschlussmeditation
auf die Qualität der Arbeit auswirke.

moka blue brittany“

Beispiel Seminartag Alfred:

Alfred kostete es große Überwindung, sich auf den Seminartag einzulassen.

Wäre es nicht Markus, sein bester Freund seit mehreren Jahrzehnten, gewesen, der ihm dieses großzügige Geschenk gemacht hatte, wäre er niemals auf die Idee gekommen, einen philosophischen Unternehmenstanz durchzuführen.

Markus hatte schon immer innovative Ideen, warum also auch nicht in diesem Fall?

Alfred wurde in eine Gruppe eingeteilt mit seiner langjährigen Sekretärin Elvira, dem Praktikanten Sergio und der wissenschaftlichen Mitarbeiterin, Anna. Er liebte Musik, insbesondere Klaviermusik, und insgeheim liebte er auch den Tanz, obwohl er ihn wenig ausgelebt hatte. Mit dem Tanz hatte er eigentlich schon abgeschlossen, dafür fand er sich zu alt. „Um mit dem Tango zu beginnen, ist es nie zu spät“ belehrten ihn die Trainerinnen mit einer Bestimmtheit, die ihn überzeugte.

Erstaunt lauschte er, wie die beiden Trainerinnen sich auf vielfältigste Art und Weise den großen Themen des Lebens näherten.

Weisheit, Kunst, Lebensphilosophie und Psychologie wurden verpackt in zahlreiche Übungen. Dann kam es nach der ersten Kaffeepause zum Tanzteil. Eine gewisse Unsicherheit war in der Gruppe bemerkbar.

Doch als die Trainerin M sich ans Klavier setzte, die ersten Klavierklänge den Raum erfüllten und die Trainerin U den Takt für die Gehübungen vorgab, legte sich auch die Unsicherheit bei den Teilnehmern schnell wieder.

Mit Konzentration, Spannung und ganz viel Freude begann der Teil der Körperarbeit.

Die Definition vom Tango begleitete Alfred gedanklich in sein Lebens und Arbeitsmodell.

TANGO: *auch in der Unternehmensphilosophie*

„Tango ist die Weisheit unserer Seele, ausgedrückt in schwingender Bewegung durch unseren Körper gepaart mit der Sehnsucht unseres Geistes nach Verbindung“

Er fand diese Definition wunderlich und konnte im ersten Moment nicht viel damit anfangen. Anfangs musste er sich sehr überwinden, um sich auf den fremdartigen Tanz einzulassen und gegebenenfalls, wie er meinte, eine Blöße zu zeigen.

Doch sein Körper schwang im Einklang mit Geist und Seele, lange hatte er sich nicht so ausgeglichen gefühlt wie bei diesen scheinbar simplen Tangoschritten, die er zum Ende der Übungseinheit sowohl mit Trainerin U, Sekretärin E und Mitarbeiterin A durchführte. Wie erstaunlich, dass es sich mit jeder der Mitarbeiterinnen, die nun Tänzerinnen wurden, anders anfühlte, den Körper mit Geist uns Seele in schöner Verbindung zu diesen Menschen zu erleben. Er nahm auch die Bedeutung wahr, sich der Nähe und Distanz auszusetzen und es machte ihm nichts mehr aus, mehr von sich zu zeigen als gewohnt.

Nach der Mittagspause ging es zu den philosophischen Themen, unter anderem das „Höhere Selbst“. „Hoffentlich wird das jetzt nicht esoterisch“ dachte Alfred sich insgeheim und wurde eines besseren belehrt. Die Ausführungen dazu waren von unerwarteter Klarheit und für ihn absolut nachvollziehbar. Am Ende der Einheit formulierten alle unter Anleitung der „Rechtsanwältin der Kreativität“ M ihren eigenen „Vertrag mit dem Höheren Selbst“.

Anschließend folgte die Abschlussmeditation

Inzwischen waren die Teilnehmer müde geworden. Es waren zahlreiche Eindrücke, die es zu verarbeiten galt. Alfred fragte sich noch immer, wohin ihn das Ganze führen sollte.
Tangomusik, Atemübungen, Tanzschritte, Reflektionen über die tiefsten Wünsche und das Höhere Selbst. Alles gut und schön, doch was bedeutete dies für sein Unternehmen, das rapide auf den Untergang zusteuerte?

Trainerin M saß erneut am Klavier und spielte sanfte Klänge, die wie Seelenbalsam wirkten. Trainerin U nahm mit den Teilnehmern eine bequeme Haltung ein, sie atmeten bewusst und langsam und kamen in einen Zustand tiefster Entspannung.

Alfred ließ die Gedanken fließen.
Verschiedene Bilder zogen an seinem inneren Auge vorbei. Er sah seine Mutter, die vor kurzem verstorben war, die er sehr vermisste, seine Kinder, seine neue Freundin.
Auf einmal erschien ihm vor seinem geistigen Auge John, sein Mitarbeiter. Innerlich fühlte er sich John gegenüber zwiegespalten, sein selbstbewusstes Auftreten war ihm manchmal etwas unangenehm.
Auch wenn zwischen ihnen ein klares „Über-Unterordnungsverhältnis" bestand, fühlte sich Alfred ihm manchmal unterlegen. Zudem verübelte er insgeheim John seine zahlreichen Krankheitsfehlzeiten. Unausgesprochener Zorn herrschte zwischen beiden.

In der Meditation nahm Alfred auf einmal Johns tiefe Augenringe wahr und fühlte eine Welle von Traurigkeit.

Es war eine Erkenntnis:

John war der gute Geist der AB-Firma, Alfred musste sich viel mehr um dessen Wohlbefinden kümmern. John schien es wirklich nicht gut zu gehen, wo war der kraftvolle, begeisterte Mitarbeiter von früher geblieben? Alfred empfand ein väterliches Schuldgefühl John gegenüber. Plötzlich kam ihm ein anderer Gedanke: Er sah seinen eigenen Vater, den er aufgrund seiner cholerischen Anfälle immer so gefürchtet hatte.

Verhielt er sich John nicht genauso gegenüber, wie damals sein Vater zu ihm? Mehrfach hatte Alfred John gegenüber cholerische Zornausbrüche gehabt, wenn dieser erneut wochenlang wegen Krankheit fehlte. Dieser Gedanke erschreckte ihn.

Zudem: Seit John so oft abwesend war, ging es mit den Gewinnen noch weiter bergab. Alfred fühlte deutlich, er musste auf John mehr zugehen.

Diese Gedanken waren wie eine Eingebung.

Langsam kehrte er mit seiner Aufmerksamkeit zurück in den Raum, er vernahm das leise Atmen der anderen Teilnehmer. Sanfte Klavierklänge erfüllten den Raum, der Seminartag war beendet. Verwirrt ging er nach Hause. Hatte er zum ersten Mal sein eigenes Höheres Selbst klar wahrgenommen?

Das macht das „Alte“ mit uns

Die sozialen Vergangenheiten sind ein stetiger Begleiter in unserem Leben. Im Heute bemerken wir die Grenzen unserer Kraft. Nun wollen wir mit Ihnen nicht Ihre Vergangenheiten aufarbeiten, jedoch darauf aufmerksam machen, dass uns viele unaufgelöste Strukturen der alten Welt, die hinter uns liegt, im Jetzt begleiten. Hier stehen wir mit dem eingefahrenen Modell der beteiligten Protagonisten, dass das Lebensmuster unbewusst bedient worden ist, sich auch in die Arbeitswelt hinein trägt.

So wird jeder in unserem Seminar eine Portion Sensibilisierung zum eigenen Selbst mitbekommen. Aus diesem philosophischen Modell werden Sie eine Menge für Ihr all zeitliches Leben mitnehmen, Einiges durch neue Perspektiven veranlassen, die Wahrnehmung zu den Mitarbeitern schärfen und in die gemeinschaftliche Arbeitswelt integrieren.

Im Hintergrund steht auch immer die Frage:

Wo sind meine Prioritäten als Unternehmer? Kann ich loslassen und bin ich in der Lage zu delegieren und Verantwortung abzugeben? Habe ich Vertrauen zu allen Beteiligten? Wie steht es mit der eigenen Führung?
Sollte der Unternehmer eine Zeit lang den Mitarbeitern folgen und ihre Anliegen ernst nehmen?
Ja, doch kann er es erst dann, wenn er sich selbst nachsichtig bedient hat und seine alte Vergangenheit zu seinen Gunsten auflösen kann!
Unsere Philosophie unterstützt diesen Prozess!

Beispiel Seminartag John:

John freute sich auf den Seminartag. Dieser begann 2 Stunden später als er gewöhnlich aufstehen musste und dies war ein guter Start in den Tag. Er fühlte sich ausgeschlafen und präsent, als er an seiner Arbeitsstelle ankam. Den Zwang, immer um 7 Uhr morgens auf der Arbeit erscheinen zu müssen, empfand er als große Belastung. Offensichtlich entsprach diese Uhrzeit nicht seinem Biorhythmus. Er hatte mehrfach versucht, mit Alfred einen späteren Arbeitsbeginn zu vereinbaren, doch ohne Erfolg. Mit Alfred war darüber nicht zu sprechen, den Grund dafür erfuhr John nicht. Seine Vermutung war, dass Alfred ihm misstraute und verhindern wollte, dass John, wenn er länger blieb als die anderen Mitarbeiter, sich alleine in den Betriebsräumen aufhielt. Es gab Betriebsgeheimnisse, die John nicht erfahren sollte.

Er war eingeteilt mit einer Mitarbeiterin, Elke, die fast so lange im Betrieb arbeitete wie er und Stefan und Maria, zwei Auszubildende. Die Auszubildenden kannte er kaum, zu Elke hielt er gewöhnlich etwas Sicherheitsabstand, da sie sich gerne mit Alfred verbündete.

Gespannt lauschte John den beiden Trainerinnen.

Sie schienen aus einer völlig eigenen Welt zu kommen. Eine Welt, in der es um die wahren menschlichen Werte ging, Mut, Wahrhaftigkeit, Höheres Selbst, unsere tiefsten Wünsche.

Bei diesem Thema spürte John einen Impuls, den er seit Jahren nicht wahrgenommen hatte. Er fühlte Tränen in sich aufsteigen und einen heftigen Schmerz in der Magengegend. Woher kam diese tiefe Traurigkeit? Dass er so sehr entgegen seiner tiefsten Wünsche lebte? Dieser harte Kampf, den er täglich führte? Hart zu arbeiten, so viel Wertvolles zu leisten und dennoch im harten Existenzkampf leben zu müssen, dabei gleichzeitig nicht zu verbittern und für seine Lieben da zu

sein. Manchmal tat es ihm weh, dass er für seine Tochter und sich selbst nicht besser sorgen konnte und er war einfach nur traurig.
Er konnte sich nicht daran erinnern, wann er diesen Schmerz zuletzt zugelassen hatte. Als er vom Suizid seiner Schwester erfahren hatte?

Warum brach es nun an diesem Seminartag auf?

Die Heftigkeit der Emotion überwältigte ihn, er musste den Raum verlassen. Er eilte auf die Toilette und atmete tief durch. Als er sich gefasst hatte und zurückkehrte, vernahm er Tangoklaviermusik. Die Gruppe bewegte sich im Rhythmus dazu. Er stieg in die Grundbewegung mit ein. Er hatte immer gerne getanzt und Salsatanzkurse besucht. Doch aufgrund seiner finanziellen Situation war ihm dies jahrelang nicht möglich gewesen. Im Nu fühlte er wieder die Leichtigkeit, die die schwingenden Bewegungen mit sich brachten.
Der Alltag rückte in weite Ferne, der Schmerz verklang und er fühlte eine tiefe Freude in seinem Herzen. Es war sehr angenehm, sich gemeinsam mit Elke zu bewegen. Die Unternehmenskonflikte waren in den Hintergrund getreten.

Nach der Mittagspause

formulierten sie alle ihren Vertrag mit dem „Höheren Selbst". Wieder kam das Thema der tiefsten Wünsche zur Sprache. Ein paar einfache Dinge würden Johns Leben um so vieles besser gestalten: Andere Arbeitszeiten, die seinem Biorhythmus entsprachen, ein angemessenes Gehalt und Wertschätzung für seine Kompetenz.
Als erstes würde er einen richtigen Tangotanzkurs bei den beiden Trainerinnen buchen, er spürte, dieser Tanz gab ihm sehr viel Lebenskraft.

Zur Abschlussmeditation

erklangen sanfte Klavierklänge. Der Raum füllte sich, ca. 20 Personen waren anwesend, tatsächlich machten die anderen Mitarbeiter von der Möglichkeit Gebrauch, an der Meditation teilzunehmen.

John nahm einen unbekannten Frieden wahr, als er in der großen Gruppe in der Meditation saß und alle zusammen bewusst atmeten. Es fühlte sich richtig an und er empfand eine unerklärliche, absolute Gewissheit, dass sich seine Situation verbessern würde. Beruhigt ging er nach hause.

uvz 2011

Schlussfolgerung

Unternehmenstanzphilosophie AB-Firma:

Der Monat war verstrichen, alle 40 Mitarbeiter der AB-Firma hatten am „philosophischen Unternehmenstanz“ teilgenommen.
Alfred führte das Abschlussgespräch mit den beiden Trainerinnen. Er hatte das starke Bedürfnis, sich ihnen anzuvertrauen. Sie hatten die berufliche Schweigepflicht zu befolgen und waren somit die richtigen Ansprechpersonen.

So erzählte er ihnen von seiner Eingebung bezüglich John und gab auch seine Ratlosigkeit zu. Es fiel ihm einfach schwer, auf John zuzugehen, da dieser sich immer so rebellisch und ablehnend Alfred gegenüber verhielt. Dies wiederum löste bei Alfred den Reflex aus, seine Autorität zu beweisen. Er verhielt sich dabei so, wie er es von seinem eigenen Vater gelernt hatte und lehnte, um seine Überlegenheit zu demonstrieren, cholerisch sämtliche Bitten Johns ab, wie etwa die Arbeitszeiten zu ändern und sein Gehalt anzupassen.

Gleichzeitig ging es John schlechter, er fehlte krankheitsbedingt immer öfter und auch mit der Firma ging es bergab.
Manchmal befürchtete Alfred, aufgrund mangelnder Aufträge bald Insolvenz anmelden zu müssen, was einer Katastrophe gleich käme.
Im Grunde bewegten sie sich in einem Teufelskreis und Alfred wusste nicht, wie er ihn durchbrechen konnte. Dies war ihm im Nachgang zum „philosophischen Unternehmenstanz“ klar geworden. Nach einem eingehenden Gespräch mit den beiden Trainerinnen wurde es Alfred klar, dass er so schnell wie möglich handeln und auf John zugehen musste.

Es hatte schon so viele Warnsignale gegeben, die Alfred früher hätte befolgen müssen. Er war zu sehr mit seinen eigenen Themen beschäftigt gewesen, um zu erkennen, dass es einen Zusammenhang zwischen Johns Krankheitsfehlzeiten, seinem besorgniserregenden Gesundheitszustand und der schlechten Situation der Firma gab. Zudem fühlte Alfred ein schlechtes Gewissen John gegenüber.
Er war kein herzloser Mensch, nur manchmal fiel es ihm schwer, über seinen eigenen Schatten zu springen, die Fesseln der Vergangenheit loszulassen, seinen eigenen strengen Vater zu überwinden und der Stimme des Herzens zu folgen.
Die beiden Trainerinnen regten ein vermittelndes Gespräch zu viert an mit ihnen beiden, John und Alfred. Dies würde ihm die Situation möglicherweise erleichtern. Dankbar nahm Alfred den Vorschlag an.

Im Gespräch

gelang es den beiden Trainerinnen, eine vermittelnde Position zwischen Alfred und John herzustellen.
Alfred konnte zum ersten Mal nachvollziehen, wie wichtig es für John war, dass seine Arbeitszeiten seinem Biorhythmus entsprachen.
Alfred überwand seinen Groll und sein Misstrauen gegen John, sie handelten ein höheres Gehalt und späteren Arbeitsbeginn bei gleich bleibender Stundenzahl pro Woche aus. Beide fühlten sich nach dem Gespräch sehr erleichtert. Mit den Trainerinnen vereinbarten sie, in spätestens 6 Monaten nochmals in Kontakt zu treten, um die Weiterentwicklung der Firma zu begutachten, gegebenenfalls noch mal einen philosophischen Unternehmenstanz durchzuführen oder ein Nachgespräch zu vereinbaren.

Nicht immer so intensiv

wie in diesem Unternehmen erfolgt unsere Begleitung. Die Namen der Personen und des Unternehmens wurden geändert, die Beteiligten sind aus diesem Grunde einverstanden, dass wir eine ziemlich ausführliche Darstellung, auch von sehr emotionalen Zuständen darlegen durften.

Diese längere Zeit vor Ort hat es uns ermöglicht, etwas genauer hinter die Kulissen zu sehen.
Das Unternehmen hat eine überschaubare Mitarbeiterzahl, muss mit diesen Menschen jedoch auf dem Weltmarkt seine Produkt- Qualität und Beständigkeit beweisen.
Insofern sind viele Millionen weitere Menschen daran interessiert, dass genau dieses Unternehmen funktioniert.

Der Teufelskreis zeigt sein Gesicht überall

Existenzkrise packt das Unternehmen, der Chef wird überfordert, überträgt diese auf seine Mannschaft. Der Zustand von Unsicherheit breitet sich in jedem einzelnen aus, führt in das Privatleben von allen, steckt die Gesundheit an, verursacht Ehekrisen, trennt Menschen, lässt lange Fehlzeiten entstehen, macht die Bankkonten dicht, Schulden häufen sich an, Verpflichtungen bleiben erhalten, die Grenzen sind erreicht…es muss gehandelt werden!

Es sind die eingefahrenen Wiederholungen, auch im Umgang miteinander.
Dort, wo nicht nur funktioniert werden muss, sondern der Mensch einen Namen hat, die Achtung und Wertschätzung in Betracht gezogen wird

und auch, dass der Chef seine ganz menschlichen Schwächen hat, kann Heilung für den Einzelnen, wie auch für das gesamte System stattfinden. *„Das gesamte System ist das Leben mit allen Facetten und ein großer Teil davon die Arbeitswelt."*

Und wieder zeigt sich:

„Das wichtigste Kapital eines Unternehmens ist immer der Mensch!"

Wir sind als Trainerinnen nur ein kleiner Teil des Ganzen, jedoch auch hier wurden großartige Prozesse für die Zukunft dieser Menschen gesetzt.

Wir halten regelmäßig Vorträge in Firmen. Gerne können Sie uns vorab zu einem dieser Thematik buchen!

6 Monate später

AB-Firma:

Johns Leben hatte sich seit dem Unternehmenstanz zum Positiven verändert.

Er kam wie vereinbart jeweils zwei Stunden später zur Arbeit und verließ sie dafür auch zwei Stunden später.

Er hatte seit vielen Jahren die erste ordentliche Gehaltserhöhung bekommen. Diese ermöglichte ihm, einige seiner Träume zu verwirklichen. Er nahm in seiner Freizeit und an den Wochenenden Tangounterricht und konnte es zum ersten Mal seit vielen Jahren ermöglichen, mit seiner Tochter zu verreisen.

Seine Migräne war vollkommen verschwunden und er hatte kein einziges Mal mehr krankheitsbedingt gefehlt. Er kam wie früher richtig gerne zur Arbeit und brachte seine gesamte Energie und seinen Tatendrang mit ein, was sich sehr positiv auf das gesamte Team auswirkte.

Er war derjenige, der alle Einzelheiten des Betriebs in- und auswendig kannte, die Mitarbeiter einwies und in ihren Aufgabenfeldern unterstützen konnte.

Das Verhältnis zwischen Alfred und John hatte sich sehr verbessert. John rebellierte und provozierte nicht mehr. Alfred hatte somit nicht mehr das Bedürfnis, John die Grenzen aufweisen zu müssen und ihm zu zeigen, dass er, Alfred, der Chef war.

Vielmehr hatte sich zwischen beiden eine vertrauensvolle Kooperation entwickelt.

John war so motiviert, dass er wie früher wertvolle Aufträge schnell und herausragend gut bewältigte.

Die Firma hatte sich wirtschaftlich

erholt und die Gewinnprognosen waren positiv. Alfred zog eine nächste Gehaltserhöhung von John in Betracht, ihm war klar geworden, wie wertvoll Johns Präsenz in der Firma war und wie wichtig es war, dass dieser sich in seinem Arbeitsumfeld wohl fühlte.

Seit John – die Seele des Unternehmens- gesund geworden war, „heilte" auch die Firma.

In der Abteilung X gab es neue Konflikte, Alfred erwog daher, nochmals einen „ philosophischen Unternehmenstanz" durchzuführen oder ihn gar regelmäßig zu etablieren. Die Kosten hatte er durch die Gewinnzuwächse mit Leichtigkeit wieder hereingeholt.
Das Klavier hatte er übrigens angeschafft, da die Pianomeditation bei den Mitarbeitern sehr gut angekommen und gerne genutzt worden war. Eine Überlegung war, die beiden Trainerinnen ab zu für die Pianomeditation zu engagieren.

Unsere Philosophie,

den Tanz in die Unternehmen zu tragen ist, eine *außer- ordentliche Begegnung* der besonderen Art, sich auf Menschen einzulassen.

Liebe Unternehmer- Innen

Sie werden sich nun auch fragen, wie es möglich sein soll mit Ihrer Sekretärin, Ihrem / Ihren Geschäftsführer- Innen, Ihrem Abteilungsleiter- Innen, dem Projektmanager- Innen, der Auszubildenden, dem Betriebsrat und der Prokuristin ein Tänzchen zu wagen?
Ihre Vorstellung dazu wird Sie bestimmt sehr amüsieren.
Zu Beruhigung sei hier gesagt:
Wir werden mit Ihnen ganz gewiss keinen Tanzkursus veranstalten. Nein, es geht einzig und allein darum, diese phantastische Philosophie des Tangos u.a. auch in Ihre körpersprachliche Präsenz zu integrieren.

Stellen Sie sich bitte immer wieder vor, welche Brisanz der Körper beim Ausdruck aller Ihrer wichtigen Anliegen hat und dieser vermittelt Ihren Mitarbeitern- Innen das sichtbare Erscheinen Ihres inneren Befindens.

Ohne diese wichtige Körpersprache hätte die Mannschaft der Firma AB GmbH *nie* erfahren, wie es dem Chef und den einzelnen Mitarbeiter- Innen wirklich erging.

Hinzu kommt die Kommunikationskultur in einem Unternehmen, unsere Sprache, sie zeigt, ob wir mit dem Körper in Kongruenz stehen.
Jeder von uns sieht *immer und zu jeder Zeit* das ehrlich, auch unehrlich gesprochene Wort zunächst in der Körpersprache.
Unser Gesicht und unsere Körperhaltung zeigt ganz sicher *immer* unser gesundheitliches Befinden. Es ist sehr wichtig, dieses zu beachten.

Wir sehen an Mimik und Gestik die Anspannung, die Entspannung, sowie die Stimme mit und ohne Präsenz. Unsere Augen zeigen den Zustand unserer Seele ganz klar, schauen Sie hinein!

Ob Reden und Vorträge, Produktpräsentationen,

ob wichtige Geschäfts- Verhandlungen, Verträge, Vereinbarungen und Telefonkommunikationen, auch alles INHALTLICHE hängt an unserer Präsenz die wir nach außen strahlen....oder auch nicht

Kann all dieses trainiert werden?

Unsere Antwort heißt. *"Nein"*

Wir sensibilisieren, lassen erkennen, Sie einkehren um sich zu entschleunigen, um kraftvoll wieder mit neuen Perspektiven einzusteigen.

Eine Botschaft:

Unsere Lebensbühne zeigt überall ihr Gesicht. Unsere Augen schauen diese an, hören, sehen, fühlen die Botschaften des Leides und der Freude, schauen wir tief in die Seele, im Ausdruck *„von der Ganzheit unseres SEINS"*

Botschaften sind immer da...auch ohne Worte, wir sind für UNS alle da!

4. Kapitel

Spiritualität und Wandel

Sind wir gestern, heute oder morgen? Was passiert in diesem Moment???

Der Begriff Spiritualität kommt vom lateinischen „spiritus“ (Geist). Das Lexikon der Psychologie betont, dass Spiritualität Auswirkungen auf die Ausgestaltung des individuellen Lebens hat: „die durch seinen Glauben begründete und durch seine konkreten Lebensbedingungen ausgeformte geistig-geistliche Orientierung und Lebenspraxis eines Menschen“.

Der Begriff Spiritualität ist im deutschen Sprachgebrauch bereits in „Meyers Großes Konversations-Lexikon“, 1902-1909 vorhanden.

Vor einigen Jahren wurde viel zum Zeitmanagement geschrieben. Bücher füllten die Regale, Seminar interessierte Menschen suchten unsere Räume zu diesem Thema auf. Jeder wollte gewinnen, vor allen Dingen Zeit.

In einer Phantasiewelt ist die Gesellschaft der grauen Herren am Werk. Sie versuchen, alle Menschen dazu zu bringen, Zeit zu sparen. In Wahrheit werden die Menschen um ihre Zeit betrogen; während sie versuchen, Zeit für später zu sparen, vergessen sie, im Jetzt zu leben. Denn Zeit kann man nicht sparen wie Geld. Je mehr wir versuchen, Zeit zu sparen, desto „kürzer“ werden die Tage und Wochen.

Als die Welt schon fast den grauen Herren gehört, beschließt der weise Meister Hora, ein Freund von Momo und der geheimnisvolle „Verwalter der Zeit“ zu handeln.........[6]

Inzwischen befindet sich auch dieses Thema im Wandel. Was ist eigentlich Zeit? Wer hat sie erfunden? Woran können wir diese Zeit messen?
Erklärungen dafür gibt es mehr als genug, dennoch ist Zeit ein relativer Begriff. Ist der Geist, das geistige Wesen, der menschliche Spirit, an Zeit gebunden?
Gibt es ein schnelles und langsames Denken?
In Anbetracht der Wissenschaft, die sich mit der Ausdehnung der Universen beschäftigt, steht das Wort Zeit nicht mehr zur aktuellen Disposition.

Möglicherweise ist alles Jetzt, die Vergangenheit genauso wie die Zukunft. Als spirituelle Menschen haben wir eher eine gefühlte, intuitive und emotionale Sichtweise, sie bekommt andere Dimensionen und keiner von uns stellt diese als „absolut“ dar.

Was ist Zeit?

Um dem Rätsel und Phänomen der Zeit näher zu kommen, gilt es erst einmal, zu ergründen, was „Realität“ ist. Darin liegt für uns Menschen eine Schwierigkeit, zu akzeptieren, dass es nicht **eine** „allgemeingültige“ Realität gibt, da jeder von uns die Realität anders erlebt. Unsere individuelle Realität basiert auf unseren Interpretationen unserer Sinneswahrnehmungen. Nüchtern betrachtet besteht unsere Realität aus elektrischen Impulsen, die unser Nervensystem an unser Gehirn

---

[6] Vgl Momo von Michael Ende, S. 169 ff.

weiterleitet. Wie wir diese interpretieren, wie wir mit diesen umgehen, hängt von uns, unseren Persönlichkeitsstrukturen und Erfahrungswerten ab. Da unsere Realität somit ihrer eigenen Interpretation unterliegt, ist es nachvollziehbar, dass es so viele unterschiedliche Auffassungen von Realität gibt. Wir alle empfinden viele Realitäten unterschiedlich, was bedeutet dies für das Rätsel Zeit? Ist Zeit somit auch lediglich eine gefühlte Realität, möglicherweise nichts als eine pure, menschliche Einbildung?

Gegenwart, Vergangenheit und Zukunft

Verstreicht ein Moment der Gegenwart, ist er schon Vergangenheit. Die Zukunft zu ergründen, stellt sich noch komplizierter dar, denn sie liegt in der Ferne und ihr Eintreten gestaltet sich durch unsere Erfahrungswerte, dies mag der Grund dafür sein, dass sie oft mit vielen Ängsten verbunden wird.

Wichtig ist es, im Hier und Jetzt zu leben unter Einbezug von Vergangenheit und Gegenwart.
Teils fällt es unserer Gesellschaft schwer, im Hier und Jetzt zu verweilen. In anderen Kulturen, z.B. in den asiatischen, gehört es viel mehr als bei uns zum Alltag, in Meditation die Verbindung zum Hier und Jetzt zu pflegen. Hierzulande besteht eine Neigung, sehr stark in die Zukunft zu blicken, z.B. durch extremes Sicherheitsdenken. Manche Menschen verlieren sich in der Vergangenheit, z.B. durch Schwelgen in Erinnerungen an „die guten alten Zeiten“ und leben dadurch in einer Form der Nostalgie.

Der gedankliche Schritt in die Zukunft resultiert also häufig aus Sicherheitsdenken, das Verweilen in der Vergangenheit beinhaltet häufig Nostalgie.

Allein den Moment zuzulassen

und darin zu verweilen, ist eine der größten Herausforderungen. Manchmal bedarf es viel geistiger Disziplin, unsere Vergangenheit, die wir alle tragen, mit ihren schicksalsschweren Momenten, loszulassen.

Wir können sie nicht verändern, doch wir können sie annehmen. Die Gegenwart eröffnet uns einen Weg in die Zukunft. Wir gestalten unsere Zukunft nach unseren Wünschen, indem wir die Gegenwart bewusst leben.
An dieser Stelle ist der Tanz ein wunderbares Mittel:

Im Tanz spüren wir das Hier und Jetzt. Unser Körper reagiert unmittelbar auf die Impulse der Musik und unseres Tanzpartners/ Tanzpartnerin. Vergangenheit und Zukunft rücken in den Hintergrund. Aus diesem Grunde ist Tanz so heilsam, spirituell und ähnelt in seiner Wirkung der Meditation.

Das Gestern zeigt die Ursache
Das Heute zeigt das Symptom
Das Morgen die Ressourcen

Alles zusammen ist es auch das **Hier und das Jetzt**, es hat unmittelbar die Ressourcen, welche zur Lösung von Symptomen finden.

Ursachen sind immer in der Vergangenheit zu suchen.
Freiheit vereint die Unendlichkeit. Zeit zeigt selbsternannte Begrenzungen.

In der buddhistischen Philosophie gilt, „sei immer im Hier und Jetzt", besänftige dein Leben, werde gelassen, werde frei, denn weniger ist mehr!

Oder auch...

wenn du unter der Dusche stehst, dann genieße dich und den Wasserstrahl, fühle ihn, spüre dich, genieße diese Zeit, die Wohligkeit der Wärme, das Atmen deiner Haut, die Sauberkeit des Wassers, die Ruhe zu dir...genieße es **Hier und Jetzt,** sei nur du!
Heute ist jede Sekunde geplant, ausgenutzt, auch für die Zeit unter der Dusche und während dieser Zeit sind auch die Gedanken schon wieder eingeplant. Es wird deshalb eine Dusche sein, deren Mann/Frau sich nicht bewusst ist, dass diese überhaupt betätigt wurde.

„Du bist Du“

Du
schläfst, träumst,
das bist du
Wenn du aufwachst,
dann spürst du
Schaust in den Spiegel,
das bist du
Trinkst einen Tee,
den schmeckst du
Liest ein Buch,
nur deine Gedanken dazu
Lebst einen Lebenstanz, dich lieben, bist DU!

Text und Malerei uvz

5. Kapitel: Reflektionen und Spieglein an der Wand

Alles, was wir sind, was wir denken, was wir sagen und wie wir es tun, ist tief und fest verankert mit unserem eigenen Selbst. Wir gleiten mit unseren Updates im Hirn, unserer körperlichen Software, innerhalb von Sekunden durch unser gesamtes Lebensmodell. Völlig unbewusst nähern wir uns den Ähnlichkeiten der Mitmenschen. Mitunter fühlen wir uns provoziert, stehen unter Spannung, erzeugen negativen Stress. Manchmal sind wir vollkommen in Übereinstimmung und es ist ein willkommener Segen für uns.

Die Reflektionen zum eigenen Sein liegen dann, wenn es unangenehm wird, naturgemäß in gründlich eingebauter Höhle unseres Abwehrsystems.

Wir möchten uns unbedingt verstehen, wir sind auf Harmonie eingestellt, denn unser Selbstwert wünscht sich immer eine ausgewogene Reflexion.

Doch ab und zu benötigt unser Spiegel, das Gegenüber mitunter nur einen Satz, in dem Tonalität, Inhalt und Körpersprache keine Kongruenz zeigen und schon stehen wir vor einem Abgrund, sind verunsichert, fühlen uns schlecht. Unsere Synapsen halten das Tor verschlossen, der Vorgang wird verdrängt.

Wir sind häufig mit einem Lebensmuster Modell verbunden und unbewusst lassen wir die Abnabelung von diesem Muster nicht zu. Wir möchten zwar etwas lösen, doch schlussendlich soll uns ja nichts verloren gehen, und so stecken wir oft ohne es zu wollen in Mustern, die uns gerade in der Situation festhalten, die wir eigentlich ändern wollten.

Beispiel Reichtum

Viele Menschen stellen sich vor, sie wären gerne reich an Geld. Doch ein unbewusstes Muster hält sie davon ab, diesen Wunsch in die Realität umzusetzen. Beispielsweise eine unerkannte Angst, mit dem Reichtum an Geld Opfer von Erpressung zu werden. Solange ihnen diese Angst und das dahinter liegende Lebensmuster nicht bewusst sind, können sie es auch nicht auflösen und werden ihren Wunsch nicht umsetzen.
„Die wichtigste Arbeit in unserem Leben ist die Fähigkeit zu erlangen, uns zu ergründen, uns selbst zu verstehen, uns anzunehmen, uns zu lieben."
Diese geschieht am besten, wenn wir uns selbst mit Lebensfreude begegnen. So können wir dem Leben zwar heute mehr Jahre geben, doch etwas Besonderes ist, *„den Tagen mehr Leben zu geben",* eine großartige Weisheit!
Denn unsere zeitlosen Seelen differenzieren nicht zwischen Vergangenheit, Gegenwart und Zukunft. Somit befinden wir uns weiter auf unserer Reise ins eigene Glück, zum Ausdruck der Persönlichkeit.

Sind wir aber auch WIR?

Wir haben viele Vergangenheiten hinter uns und tragen archaisches Wissen in uns Tausende von Jahren sind gespeichert und in jedem von uns abrufbar. Familien- Traditionen übernehmen wir ebenso wie das Wissen aus Büchern, alten Schriften und aus unserer eigenen Kultur. Wir leben Rituale, manchmal verändern wir sie auch. Wir reflektieren uns als geistige Wesen, erlernen und erweitern das Wissen, welches uns die bisherige Menschheit serviert hat. Wir lernen auch mit Fehlern der Vergangenheiten umzugehen. Wissenschaften übertreffen sich besonders heute mit neuen Erkenntnissen. Wissen und Information werden durch das virtuelle System sowohl in Sekundenschnelle als auch weltweit vermittelt. Allerdings ist es uns Menschen bislang nicht gelungen, Wissen in kürzerer Zeit zu abzurufen. Insofern ist das heutige Zeitalter der Information auch ein großer, oftmals negativer Stressfaktor, denn die Verarbeitung in dieser Vielfalt braucht menschenfreundliche Zeitqualität.

So sind wir, die geistigen Wesen, als ein Teil der Natur auf dieser Erde und in kompletter Abhängigkeit mit allen Elementen verbunden. Verbunden mit allen universellen Kräften, verbunden und exakt eingebunden in unserem Planetensystem, ohne diese die Existenz der Erde und der gesamten Erdbewohner nicht möglich wäre.

Trotz der großen Vielfalt

Der menschliche Spirit, der Geist, möchte die absolute Einfachheit und Klarheit in einer Definition. Je einfacher, umso besser verstehen wir das ganze Spektrum, das auch zum Inhalt dieses Werkes beiträgt.

- Wir alle haben eine Absicht und diese formulieren wir
- Wir fühlen mit allen Sinnen in diese Absicht hinein
- Wir haben Zeit, sind in der Gegenwart
- Wir spüren so lange hinein, bis sich unsere Gedanken mit einem guten Gefühl zu unserer Absicht verbunden haben

Die Anwendung findet in aller Stille statt.

Jede Absicht

trifft das Leben in seiner Ganzheit und es hat mit Ihnen und der ganzen Welt zu tun. Wenn Sie eine Vision haben, so sollte es eine sein, die Ihnen und alles, das mit Ihnen verbunden ist, trägt.
Egal, in welcher Position des beruflichen und privaten Lebens Sie sich befinden, alles geht mit, in eine Veränderung Ihres eigenen SEINS.

Veränderungen lösen häufig Ängste aus und wenn das Thema Angst ein Begleiter Ihres Lebens ist, werden wir reflektieren, warum das so ist.
Unsicherheiten sind ein Teil des menschlichen Seins, sie fordern und fördern uns.
Diese zu bewältigen ist eine wunderbare Aufgabe und befreit Ihr tägliches Leben in allen Facetten.

Erinnern wir uns an die Zeiten, als wir Kinder waren

Ute Ich hatte wie alle Kinder, viele Leben auf einmal. Beim Spielen schlüpfte ich spontan in die Rolle von Vater, Lehrer, Freundin, einer Verkäuferin und auch eines Piloten.
Alles war möglich und selbst Tiere waren kein Problem. Ich war auch mehrmals ein großer Hund, auf dem man reiten konnte. Mal abgesehen, dass ich auch Prinzessin sein wollte…wie fast jedes Mädchen.

Ich hatte eine klare Absicht, wollte der Chef sein und war es auch sofort. Als Kind wusste ich genau, wohin ich möchte und was in meinem zukünftigen Leben passieren soll.

Im Grunde habe ich alles erdacht und es trat so ein, wie ich es meist erwünscht habe. Selbstverständlich gab es auch Korrekturen, doch auch diese waren zunächst eine Vision, der eine Absicht voraus ging.

Wenn wir uns in aller Stille um uns selbst kümmern, wissen wir so viel mehr als das alltägliche Leben uns präsentiert. Bedeutungsvoll fand ich in meinem Leben immer, dass dort, wo mit dem Empfinden eines wunderbaren Gefühls zu meinen Wünschen die Vision Wirklichkeit wurde.
Unangenehme Gefühle hatte ich oft dann, wenn ich morgens in die Schule gehen musste.
Meine Schulleistungen ließen zu wünschen übrig. Vieles, was ich lernen sollte interessierte mich nicht und so träumte ich mich zeitweilig durch die Schuljahre. Im Grunde genommen war ich auf der Suche nach meinen wirklichen Fähigkeiten.

Es gab einen Platz in einem Wald, den ich öfter aufsuchte. Dort saß ich bereits als Kind gerne, fühlte mich verbunden mit der Natur, der Erde und dem schönen Ausblick über Berge und Täler. Eine besondere Wohligkeit ergoss diesen Moment der Stille um mich herum. Schon damals wusste ich, es wird die Bewegung meiner Dreifaltigkeit von Körper-Geist und Seele sein, die mich beflügeln wird.

Ich liebte es

zu schwimmen, auch wenn ich dieses erst im Alter von zehn Jahren gelernt habe. Doch es dauerte keine weiteren zehn Monate, schon war ich westfälische Jugendmeisterin in der Qualifikation Brustschwimmen. Ja, meine Brust war voller Stolz!
Ich wusste dass ich eine gute Sprinterin war und gewann fast jeden Lauf. Ähnlich war es beim Weitsprung!
Am meisten Spaß bereitete mir jedoch der tänzerische Ausdruck, so verließ ich meinen Schwimmverein genauso schnell, wie ich ihm beigetreten bin. Leichtathletik machte zwar Spaß, aber ich konnte (wollte) mich nie mit einem Ball anfreunden, also war Turnen angesagt. Ich wusste, hier bin ich eine Gewinnerin in allen Disziplinen. Über viele Jahre hinaus hatte ich jede höchste Punktzahl für meine Performance bei Wettkämpfen.
Als Kind wollte ich eine Prinzessin sein. Mitunter fehlten Anerkennung und Liebe, so war dieser Wunsch durchaus verständlich.
Mit sieben Jahren wusste ich genau, dass ich zu den Welt-Turnmeisterschaften wieder in Berlin wohnen möchte. Mit achtzehn Jahren war ich wieder hier.
Im Alter von etwa zwanzig Jahren, wurde ein Schönheitswettbewerb ausgeschrieben und so gewann ich auch diesen. Das ahnte ich bereits vorher, habe es wohl unbewusst erdacht.

Meinen Lebenspartner, (inzwischen sind wir lange getrennt, auch dieses fühlte ich bereits von Anfang an) der Vater meiner Kinder, lernte ich im Alter von vierundzwanzig Jahren auf der Insel Korsika kennen. Er war Student und arbeitete dort als Reiseleiter für den Berliner Flugring. Bei einem gemeinsamen Abendessen erzählten wir uns aus unseren Leben und just in diesem Moment, wir kannten uns kaum, wusste ich, er wird der Vater meiner Kinder sein.

Deckungsbeweis

Zwar hatte ich zu meinen Beispielen auch den nachfolgenden Deckungsbeweis, doch es ist unglaublich schön zu wissen, dass es möglich ist, unseren Wünschen Glauben zu schenken, uns selbst zu vertrauen, die Transformationen zu erleben.
Dass es diese Möglichkeiten gibt, erlebt jeder von uns. Wir sind alle Weltmeister, vieles in Frage zu stellen. Wir kommunizieren in Zweifeln und verschwenden mit diesen unsere Energie. Dann wundern wir uns und stellen fest, dass alles passiert, nur nicht das, was wir uns wünschen. Jede Absicht von uns wird sich einzigartig materialisieren, deshalb ist es sehr wichtig, zu wissen, in welchem Kontext Sie sich Ihre Gedanken entwickeln werden.

Wie realisieren wir unsere Wünsche und Träume?

Was hindert uns daran?

Mona An Utes Beispiel ihrer Erinnerungen zeigt sich, wie weise Kinder im Umgang mit Fantasie, Realitäten und Gewissheiten agieren und wie viel wir Erwachsene an diesem Punkt von ihnen lernen können.
Als Kind liegt uns die Welt zu Füßen, wir gestalten sie und begeben uns spielerisch in die unterschiedlichsten Realitäten.
Einmal sind wir Prinz- /essin, ein anderes Mal Mutter, Vater, Chef/in, Freund/in.
Im Prozess des Erwachsenwerdens verlieren wir diese zauberhafte Fähigkeit nach und nach. Wir übernehmen immer mehr das in unserer Gesellschaft herrschende zukunftsorientierte Sicherheitsdenken.

Das bedeutet, dass wir Realitäten erst bereit sind, zu glauben, wenn wir dafür Beweise in Form materialisierter Fakten erhalten.
ZB. ein aufstrebender Manager ist erst bereit, zu glauben, tatsächlich erfolgreich zu sein, wenn äußere Fakten ihm dies widerspiegeln, wie zB steigendes Einkommen, Ruhm, Bekanntheit, Interviews, Reportagen.
Ginge er wie ein Kind an diese Themen heran, fühlte er im absoluten Bewusstsein seiner Kompetenz seinen Wert bereits ohne die Beweise von außen. Mit seiner inneren Sicherheit und Ausstrahlung fügten sich die Umstände in seiner Umgebung entsprechend.
Genau um diese Kunst geht es, die Voraussetzungen unserer Träume im HIER UND JETZT zu fühlen und damit auch umzusetzen.

Viele Menschen verbringen erschreckend viel Lebenszeit

mit nicht realisierten Träumen. Oft hören wir von ihnen Sätze wie
„Wäre xy nicht passiert, wäre ich heute bereits Millionär".
„Wäre xy nicht passiert, wäre ich heute berühmter Popstar".

Diese Formulierungen liefern einen klaren Hinweis dafür, dass diese Personen nicht im Hier und Jetzt, sondern in der Zeitlinie der **Vergangenheit** verweilen. Sie machen eine Ursache der Vergangenheit verantwortlich für einen unerwünschten Zustand in der Gegenwart und verkennen somit, dass es allein in ihrer Macht im HIER UND JETZT liegt, diesen Zustand zu verändern.

Das entsprechende Phänomen existiert für die **Zukunft**

„Wenn ich erstmal den richtigen Partner, die richtige Partnerin gefunden habe, verändere ich mein Leben grundlegend......"
„Wenn ich erstmal viel Geld habe, dann verwirkliche ich meine Träume....."

Bei diesen beiden Beispielen verlassen die Protagonisten die Ebene des **HIER und JETZT** und verschieben die Verwirklichung ihrer Ziele in eine ungewisse Zukunft. Dies bedeutet, dass sie das Eintreten ihrer Wünsche nicht im HIER und JETZT ermöglichen.

WARUM suchen so viele Menschen diesen scheinbar bequemen Weg und verharren in einem Zustand, dem so genannten „Hamsterrad", der von ihren wahren Lebensträumen so weit entfernt ist? Oftmals sind es unbewusste Ängste und Verlustdenken, die uns davon abhalten, unsere innere, klar klingende Stimme zu hören und ihr Raum zu geben.

In diesem Phänomen liegt exakt die Lösung für die Frage, wie wir unsere Wünsche und Träume realisieren können. Im höheren Zustand der Gewissheit, gleichbedeutend mit dem absoluten Vertrauen in das Leben, in das Universum, in uns, in unser höheres Selbst oder wie wir die höheren Kräfte nennen mögen (Gott, Buddha, Jesus, Maria Magdalena, Liebe, Schutzengel, etc.) vertrauen wir selbst uns ABSOLUT und benötigen dafür keinerlei Beweise und Bestätigungen von außen.
Am absoluten Zustand dieses Vertrauens erreichen wir unsere Ziele, Wünsche und Träume leicht und mühelos, so wie Ute es oben beschrieben hat
Im Zustand der absoluten Gewissheit führt uns unsere innere Stimme, wir spüren, welche Entscheidung richtig ist oder nicht, wir lassen uns von dieser Kraft tragen.
Das bedeutet nicht, dass auf diesem Weg nicht Hindernisse und Fragen auftreten können und wir diese manchmal überwinden müssen.
Mit der Kraft unserer absoluten Gewissheit überwinden wir diese jedoch. Sobald wir Meister im Umgang mit unserer inneren Stimme sind, erzeugen wir die Kraft der absoluten Gewissheit UNABHÄNGIG von anderen Menschen, Beweisen und Dingen.
Doch wie kommen wir dazu, Meister im Umgang mit unserer inneren Stimme zu sein?

Die Formel dafür ist kurz und klar:

Unsere innere Stimme finden wir mit dem wahrhaftigen Mut, wirklich glücklich zu sein und trotz all unserer Ängste ins Unbekannte zu gehen. Nicht umsonst sagt ein chinesisches Sprichwort, *„die Mutigen reisen nicht nur auf den äußeren Meeren, sondern auf ihrem inneren Ozean, sie bezwingen nicht nur die Gipfel der Alpen, sondern die Höhen und Tiefen ihres Inneren“.*

MUT

Vielleicht werden Sie sich fragen, warum es angeblich Mut erfordert, *wirklich glücklich zu sein. Wünschen wir denn nicht alle, wahrhaftig glücklich zu sein?*

Die Antwort lautet: Das ist nicht zwingend so.
Manche Menschen sind, wenn sie wirklich ehrlich zu sich selbst sind, nicht wirklich bereit, glücklich zu sein- auch wenn sie felsenfest vom Gegenteil überzeugt sind und es so behaupten. Sie haben so viel in ihren Kummer und ihr Leid investiert, ihre ganze Lebensphilosophie darauf aufgebaut. Es ist auf gewisse Weise bequem, darin zu verweilen. Und das sollen sie nun einfach aufgeben?

Indizien für diese Lebenshaltung sind Aussagen wie folgende:
„XY ist verantwortlich für mein Unglück". Oft sind es die Eltern, Partner, Familienmitglieder, die angeblich schuld an den Miseren sind. Und da uns allen während unseres Lebens immer wieder Unrecht zuteil wird, ist diese Lebenshaltung auch bis zu einem gewissen Punkt nachvollziehbar.

Doch eines wird dabei völlig übersehen: Wir alle sind verantwortlich für uns selbst im *HIER UND JETZT*. Wurde uns in der Vergangenheit Unrecht angetan, ist das sehr bedauerlich.
Doch wir haben alle Möglichkeiten, dies im *HIER UND JETZT* aufzulösen.
Wenn uns klar ist dass wird die Situation, in der wir uns gerade befinden, selbst und mit gestaltet haben, das Leid sowie die Freude, dann wissen wir *„WIR KÖNNEN SIE JEDERZEIT ÄNDERN."*

Einer der Philosophen

die diesen Grundsatz ebenfalls vertraten, ist Jean-Paul Sartre, Begründer des Existentialismus[7]:
Grundsatz des Existentialismus ist, jeden Menschen in Besitz dessen, was er ist, zu bringen und auf ihm die gänzliche Verantwortung für seine Existenz ruhen zu lassen. Danach ist der Mensch für sich selbst verantwortlich.

Danach ist der Mensch gerade nicht nur für seine Individualität verantwortlich, sondern damit auch für alle Menschen.

Also werden wir uns darüber klar: Wir sind selbst für uns und unser Glück verantwortlich.
Wir können in jedem Moment beginnen, den Mut aufzubringen, uns selbst glücklich zu machen.

Auch das ist ein Zeichen reinen Mutes

Uns selbst und unsere eigene Abgründe und Ängste zu betrachten, sie zu benennen, zuzulassen und zu überwinden. Wir alle tragen Licht und Schatten in uns, sie begleiten uns jederzeit.

---

7 vgl eingehend bei Jean-Paul Sartre: „Das Sein und das Nichts“

Licht und Schatten bedingen sich gegenseitig

Die Angst ist Teil der Schattenseiten. Wir alle kennen die ANGST: Dunkle Phantasien, Verzweiflung, Ausweglosigkeit einhergehend mit einer Beengung um das Herz. Die Auslöser für die Angst sind zahlreicher Natur, oft erleben wir sie unbewusst, verursacht durch Traumata, Schicksalsschläge, meistens in der eigenen Sozialisation, in der die Angst oftmals instrumentalisiert wird.

Kinder, die ehrliche Reflektion

z.B. „Wenn Du nicht brav bist, kommt das Christkind nicht zu Weihnachten!"
Betrachten wir Kleinkinder in ihrem ureigentlichen Seinzustand, erleben wir sie unbefangen ohne jegliche Angst. Manchmal übertragen Eltern, vermeintlich „gut meinend" eigene Ängste auf ihre Kinder, z.B. vor Unachtsamkeit, Feuer, fremde Menschen mit Vorsicht zu betrachten.

Übernehmen die Kinder unbewusst die Ängste der Erwachsenen, übertragen sie sie in alle möglichen Lebenssituationen, so auch in den Beruf (siehe das Beispiel Irene/Frederik).

Je mehr wir unsere eigenen Schattenseiten kennen und sie liebevoll als Teil unseres geheimnisvollen, einzigartigen Ganzen akzeptieren, desto eher sind wir in der Lage, sie aufzulösen. Frei von Schatten strahlt die Schönheit unseres tiefsten, inneren Seins leuchtend nach außen.

Wir nehmen all unseren Mut zusammen, wenden wir uns den Ängsten zu, die uns womöglich vom Leben unserer Träume abhalten, blicken ihnen aufrichtig ins Gesicht, um sie zu überwinden. Dann lassen wir mit all unseren *Willenskräften* diese Ängste bezüglich der Vergangenheit und der Zukunft los, richten unsere *Aufmerksamkeit* auf die Gegenwart, das Hier und Jetzt.

Wunder geschehen so, Träume werden wahr

So einfach ist es mitunter oder so unendlich schwer. Denn dafür benötigen wir MUT, PURE WILLENSKRAFT und GEISTIGE DISZIPLIN.

Sind Sie bereit dazu?

Manch einer von Ihnen wird bei diesem Gedanken vielleicht seufzen: „Bis ich Mut, pure Willenskraft und Disziplin aufbringe, das kann ewig dauern. Wie viel Zeit muss ich dafür einkalkulieren?"

Die Zeit ist bei diesem Prozess relativ. Manch einer bewältigt ihn in einem Tag, manch anderer benötigt ein ganzes Leben dafür. Jeder Schritt, den Sie auf diesem Weg gehen, lohnt sich. Denn es gibt nichts Schöneres, als zu unserem unverfälschten, inneren Sein zu finden und es nach außen zum Strahlen zu bringen.

Nun werden Sie sich vielleicht die Frage stellen: Was haben diese Ausführungen in diesem Zusammenhang mit dem **Unternehmenstanz** zu tun?

Als kleine Erinnerung unsere Definition des Begriffs TANGO

„Tango ist die Weisheit unserer Seele, ausgedrückt in schwingender Bewegung durch unseren Körper gepaart mit der Sehnsucht unseres Geistes nach Verbindung.“

Sobald wir uns dem Tanz hingeben, sind wir im jetzigen *AUGENBLICK.* Unser Körper führt uns in der Bewegung zu der Weisheit unserer Seele, Vergangenheit und Zukunft rücken in die Ferne. Wir haben nicht die Möglichkeit, uns in Grübeleien zu verlieren, die uns vom Wesentlichen abhalten.

Mona Erinnerungen Berlin, Juni 2008.

Mein Leben war im Umbruch.

Seit Jahren lebte ich mit meinen vielen verschiedenen Leidenschaften und fühlte ich mich dabei zerrissen.

Neben meinem Beruf als Juristin lebte ich als Pianistin, Tänzerin und als Frau, die in jedem freien Moment den Drang empfindet, zu schreiben.

Auf dem Internat am Bodensee hatte ich mich vor allem als Musikerin gefühlt.

Damals zu Schulzeiten war ich eine Einzelgängerin, die manchen Samstagabend am liebsten alleine mit Beethoven und Chopin am Flügel verbrachte.

In Berlin hatte mich der Tango Argentino in seinen Bann gezogen.

Die Spannung, das Geheimnisvolle, das Unergründliche,

das Unberechenbare, die Leidenschaft.

In Berlin als zweitgrößte Tangometropole nach Buenos Aires war ich dafür am richtigen Ort.

Ich spürte, viele von uns, die wir viele Stunden am Schreibtisch verbringen, benötigen als Ausgleich Tanz und Bewegung wie ein Lebenselixier.

moka Tango Camminata

Im Bundestag

träumte ich von einem Tangosalon, in dem ich mich während den Arbeitspausen immer wieder körperlich austoben konnte. Und ich fühlte, wie gut dies auch manch einem meiner Kollegen getan hätte. Doch diesen Ort gab es im Bundestag nicht. Zum ersten Mal hatte ich den Gedanken, den Tango nahe beim Bundestag zu platzieren.
Wenig später folgte *unser Tangosalon* im Hauptbahnhof mit Blick auf den Reichstag!!! Eine Fügung der besonderen Art!!

Beispiel Frederik und Irene:

Indem Irene ihre Urängste bezüglich ihrer verstorbenen Mutter auflöste, verbesserte sich ihr Verhältnis mit ihrem Neffen und Unternehmenspartner Frederik. Somit entspannten sich die Führungsetage des Unternehmens und auch die Mitarbeiter, die den Konflikt unbewusst mitgetragen hatten.

Dies zeigt uns

Im Kontext zur Philosophie des Unternehmenstanzes, ihn durchzuführen und jeden Teilnehmer einbeziehen, führt die Menschen näher zu sich und der eigenen inneren Stimme, reduziert ihre Ängste oder bringt sie sanft ans Tageslicht, damit sie aufgelöst werden können.
Jeder Teilnehmer heilt sich und somit heilt auch jede Abteilung, jedes Projekt, jede Unternehmung, jedes Unternehmen.

Wir reflektieren und sind ein Ganzes

In allen Firmenleitlinien steht diese *EINHEIT* im Kontext zur Firmenphilosophie beschrieben. Sich daran zu halten ist im Sinne des Erfinders, des Unternehmens.

Zeigen Leitlinien wichtige Absichten einer Firma, die Mitarbeiter möchten sich daran halten und ihre Ressourcen auch nach außen an die Öffentlichkeit transformieren.

Innen jedoch warten mitunter viele Kräfte auf eine Möglichkeit, einen gangbaren Weg zu finden, zu verstehen, worauf es wirklich ankommt. Heutzutage lassen sich innovative Unternehmen auch gerne auf Kulturelles ein. Ausstellungen und Vernissagen gehören zum Alltag.

Unternehmenstheater

Seminare sind keine Seltenheit, Outdoor- Trainings treibt die Führungskräfte in die Schnitzeljagd, diese haben auf Bäume zu klettern und in Wasserfälle hinein zu springen.
Der Phantasie sind keine Grenzen gesetzt und die Absicht dahinter ist: Ressourcen fördern, Ängste überwinden, Teamgeist entwickeln, neue Rollen ausprobieren, Unternehmens- Ziele erreichen.

Erfolg ist für jeden erreichbar, wenn wir an die Kraft unserer Gedanken glauben, unsere Affirmation wird durch Glaubenssätze unterstützt.

Philosophischer Unternehmenstanz

ist **das perfekte** Indoor- Training und in keiner Weise funktional.
Er ist eine philosophische Anwendung, bezogen auf den Kontext und die Aufgaben eines Unternehmens, welches auch erkennt, dass das *wichtigste Unternehmerkapital* der Mensch ist.

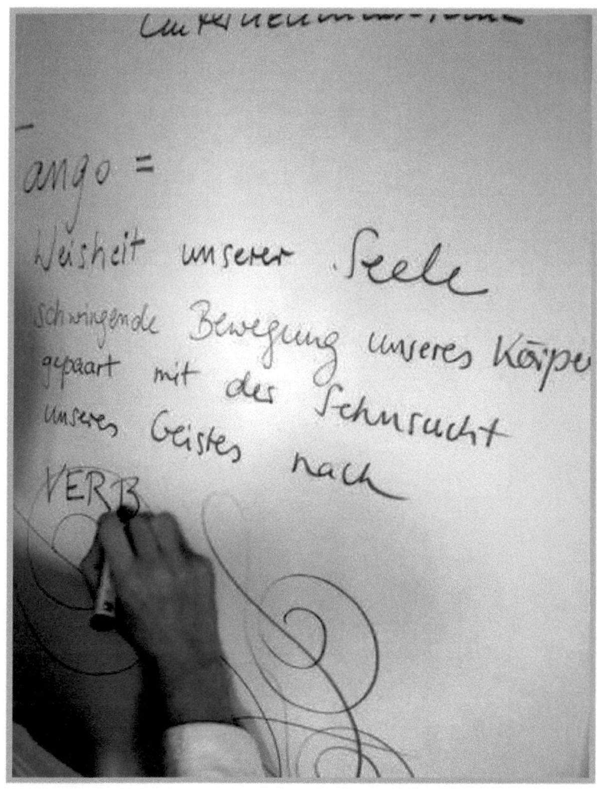

„Denn im Inneren wollen wir reflektieren und verstehen, damit das Außen strahlen kann.“

„Zwischen Licht und Schatten“

uvz 2011

6. Kapitel

Gleichwertigkeit Führen- folgen, das Team und der Erfolg

Ute Wer in einem Unternehmen ist eigentlich wichtiger? Ist es die Geschäftsleitung, der Betriebsrat, die Abteilungsleiterin oder die für Marketing Verantwortlichen, der Vertrieb, die Forschung, oder auch der Arbeiter an der Maschine.....Alles zusammen sind ein Ganzes und miteinander verbunden.
Sicher ist es möglich, die Personen auf andere Posten zu versetzen, manche zu entlassen, neue einzustellen. Jedoch im gesamten Betrieb gibt es Aufgaben, die verlässlich aufeinander abgestimmt werden und das Unternehmen zum Ziel führenden Erfolg tragen.

Führen- Folgen

Ich habe selbst erlebt, wie es ist, wenn ein engagierter Unternehmer nicht ohne seinen Betrieb leben kann und möchte. Es gab eine Zeit, da hat es ihn mitten in der Nacht dorthin getrieben. Es dauerte einige Jahre, bis er endlich einsah, dass es Mitarbeiter gab, die einiges besser machen konnten als er, der Chef selbst.
Die Firma wuchs zu einem ordentlichen mittelständischen Unternehmen heran. Ein Familienbetrieb, der jedoch einen großen Zuwachs von Außen bekam. Der Chef war ein Mann mit Spirit, weichem Herz und sehr fleißig. Der Mensch, das wusste er, war seines wichtigsten Kapitals und so wurde auch ein Jeder behandelt. Ich kenne ihn persönlich und fühlte eine Seelenverwandtschaft!

Vertrauen

Obwohl ihm seine Mitarbeiter so wichtig waren, dauerte es seine Zeit, bis er das Urvertrauen zu unterschiedlichsten Menschen aufgebaut hatte. Eine Betrugsgeschichte hatte ihn unter anderem sehr geschädigt, zeitweilig eingeschränkt.

Immer mehr nahm er sich die Zeit, seine Leute besser, intensiver kennen zu lernen. Funktionieren war nie seine Wahl. Können, Authentizität, emotionale Intelligenz und pragmatisches Wissen waren ihm wichtig für seine bevorzugten Kandidaten.

Auch liebte er den/die Quereinsteiger, wusste um das mitunter verborgene Potenzial dieser Bewerber.

Der Führende

Er war der Führende, entwickelte durch sein Vertrauen Zugang zu seinen Mitarbeitern und erlernte, in seinem Betrieb Verantwortung abzugeben, verstand es, seinen Leuten nun auch zu FOLGEN. Auf diese Art und Weise potenzierten sich geballte Kräfte und der Erfolg seines Unternehmens stieg immens. Es wurden Archetypen mit ins Boot genommen, ähnlich wie im Alltagsleben.

Delegieren, Verantwortung abgeben und Vertrauen sind wichtige Voraussetzungen für eine gute Mannschaft. In der Verantwortung liegt eine große emotionale Quelle für eine gesamte, gut eingespielte Unternehmung. Menschen wollen dieses und fühlen sich positiv gefordert, vor allen Dingen gleichwertig und selbstbestimmt in ihren Handlungen.

Zusammen wachsen

Es ist entsteht in der Tat das, was auch zusammen gehört.
Es darf gedeihen, sich entwickeln, Ressourcen zu erkennen in Akzeptanz und Wertschätzung eines Jeden, gleichwohl eine große Kundenzufriedenheit nach Außen zu erreichen. Dieses Unternehmen ist seit Jahrzehnten Marktführer auf seinem spezialisierten Gebiet. Es hat die sozialen Kompetenzen besonders integriert, deshalb möchte ich es vorbildlich einstufen!

7. Kapitel

„Jeder Vertag,

sei es ein Arbeitsvertrag, ein Regierungsvertrag, ein Mietvertrag oder ein Paragraph, der davor liegende Vertrag ist der, den wir mit uns selbst abschließen müssen!“

Wie viele Verträge haben wir im Leben schon formuliert,, bei denen uns unser intuitives Vermögen Zeichen gegeben hat, wir diese jedoch leider ignoriert haben!

„Ein Vertrag mit dir selbst“

Mona –als „Rechtsanwältin der Kreativität“-

Bevor wir den Vertrag abschicken fragen wir unser höheres Selbst!

Welche sind die tiefsten Wünsche unserer Seele?
Kennen wir sie überhaupt?
Haben wir den Mut, sie uns einzugestehen?

Noch einmal zum Thema Mut:

Unsere innere Stimme und damit unsere tiefsten Wünsche finden wir mit dem wahrhaftigen Mut, wirklich glücklich zu sein und trotz all unserer Ängste ins Unbekannte zu gehen.

Übung: Wünschen

Wir schreiben die **7** Dinge in unserem Leben auf, die wir uns WIRKLICH wünschen.
Alles ist denkbar aus allen Lebensthemen wie Gesundheit, Liebe, Beruf, Erfolg, Freundschaft, Umsetzungen von Zielen wie Reisen, Sport, Hobbys.

Seien wir dabei ehrlich zu uns selbst!

Geben wir unsere Wünsche aufrichtig zu und entsprechen dabei bitte nicht den Erwartungen von außen, die tagtäglich an uns herangetragen werden.

Schalten wir unser EGO, alle vordergründigen Emotionen, dabei aus

Dies gelingt uns dann,
wenn wir die laut schreienden Stimmen unserer Schattenseiten verklingen lassen können. Wir alle kennen diese Gefühle, die manchmal in uns laut toben.

Emotionen wie Wut, Gier, Aggression, Eifersucht, Besitzstreben, Prestige

Lassen wir sie verklingen, hören wir eine andere Stimme, die Stimme unserer Herzensmitte. Sie führt uns zu unseren wahren, authentischen, ehrlichen Wünschen.

Ein Beispiel

Mary, 33, Managerin:

Sie sollte im **Unternehmenstanz** ihre Wunschliste ausfüllen. Es fiel ihr schwer, ihre 7 Wünsche heraus zu kristallisieren und zu formulieren. Als sie in sich ging, fiel ihr wieder ein, wie sie als kleines Mädchen gerne Popstar geworden wäre. Niemals hatte sie mit jemanden darüber gesprochen, es war ein gut behütetes Geheimnis ihrer Seele.
Sie hätte befürchtet, damit albern zu wirken. Tief innen wusste sie, sie konnte gut singen. Zudem tanzte sie leidenschaftlich gerne und besaß Bühnenpräsenz.
Wie es ihre Familie erwartet hatte, hatte sie Wirtschaftswissenschaften studiert und war eine erfolgreiche Managerin eines Unternehmens geworden. Sie war zwar häufig überarbeitet, doch dafür verdiente sie gut. Im folgenden Jahr wollte sie ihre große Liebe heiraten und eine Familie gründen, alles verlief anscheinend so, wie es sein sollte. Häufig litt sie unter starkem Sodbrennen. Zudem fühlte sie manchmal eine gewisse Leere und tief innen waren verborgene Schuldgefühle sich selbst gegenüber, dafür, dass sie ihre wahren Talente nicht ausübte.
Sie sah ihr Leben vor sich, es schien alles vorgegeben. Wo war die Leidenschaft, die sie manchmal als junges Mädchen empfunden hatte, wenn sie stundenlang selbstvergessen gesungen und getanzt hatte?

Als die die Liste ausfüllen soll, schrie ihr EGO: „Mein größter Wunsch ist es, ein Popstar zu sein wie Madonna, weltberühmt, sexy, begehrt.
Schluss mit dem langweiligen Bürokram und dem Alltag."
Schriebe sie ihren Egowunsch auf, wäre dies: Erfolg, Prestige, Macht.

Mit Hilfe der Meditations-

und Wahrnehmungsübungen und durch die einfühlsame Eingebung der Trainerinnen im *Unternehmenstanz* gelang es ihr, die Stimme des EGOS verklingen zu lassen. Auf einmal hörte sie die Stimme ihres Herzens. Die Stimme ihres Herzens sagte ihr, dass ihr etwas anderes fehlte, als berühmt und von der ganzen Welt begehrt zu sein. Sie fühlte, dass sie die kreativ-sinnlichen Seiten ihrer Seele auszuleben wollte. Dass in ihrem Herzen eine sensible, fein schwingende Künstlerin verborgen ist, die mehr und mehr zu einem funktionierenden Roboter mutierte und immer weniger mit dem musischen Mädchen von früher zu tun hatte.
Ein Herzenswunsch von ihr ist es, als Mensch so wahrgenommen und geliebt zu werden, wie sie ist. Dieser drückt sich darin aus, ihrer wahren Persönlichkeit Raum zu geben, die Sehnsucht nach Musik und Tanz ausleben zu dürfen ohne schlechtes Gewissen. Indem sie diese authentischen Wünsche formulierte und sie auf ihre Wunschliste schrieb, wurden sie ihr bewusst. Wäre sie allein ihrem EGO gefolgt, hätte sie sich möglicherweise sofort ernüchtert von ihrer wahren Herausforderung abgewendet, denn offensichtlich konnte sie nicht über Nacht zu Madonna werden und das war auch nicht ihre Bestimmung.
Doch tat es ihr unendlich gut, die anderen Seiten ihres Seins zum Klingen zu bringen. Und so begann sie, an den Wochenenden Gesangs- und Tanzunterricht zu nehmen. Nach einem Jahr wurde sie körperlich wieder gesund, in Stressmomenten konnte sie entspannen, ihre verborgenen Schuldgefühle gegen sich selbst waren verschwunden.
Sie war nicht mehr „sauer“ auf sich selbst, was sich im Sodbrennen manifestiert hatte. Dies dankte ihr wiederum ihr Magen, das Sodbrennen hatte schlagartig aufgehört. Dadurch hatte sie kaum noch Krankheitsfehlzeiten, sie arbeitete viel effektiver in kürzerer Zeit.

Unser „Vertrag mit uns selbst“

1.
2.
3.
4.
5.
6.
7.

Das ist unser „Vertrag mit uns selbst“. Die Erfüllung des „Vertrags“ liegt in unserer Hand.

Wichtig ist dabei, dass wir bei unseren Wünschen wirklich tief hineinfühlen, ob sie richtig schwingen auf allen Ebenen

Körper – Geist – Seele – Herz.

Wie fühlen wir, ob unser „Vertrag mit uns selbst“ wirklich stimmig ist? Wir befragen unser höheres Selbst.

So einfach ist es mitunter oder so unendlich schwer

Denn um unser Höheres Selbst zu befragen benötigen wir

MUT, PURE WILLENSKRAFT und GEISTIGE DISZIPLIN.

Kommt Ihnen dies bekannt vor?

Ja, denn wir sind wieder am Punkt von Kapitel 5 angelangt.

Wir benötigen den Mut, unsere wahren Wünsche wirklich zuzulassen.

Wir benötigen die pure Willenskraft, diese umzusetzen.

Wir benötigen geistige Disziplin, dafür eingefahrene Muster zu ändern.

Was ist unser „Höheres Selbst“?

Unser „Höheres Selbst“, das sind wir selbst. Es ist unsere innere Führung, unsere innere Stimme, die wir alle besitzen.
Wir alle kennen unser höheres Selbst, denn es war schon immer bei uns. Als Kleinkinder sind wir an seiner unmittelbaren Quelle. Als Kinder fühlen wir ganz genau, was richtig und falsch ist für uns und handeln und reagieren direkt darauf.
Diese Quelle verliert sich oftmals mehr oder weniger durch verschiedene Vorfälle, Fakten, Erziehung oder Gesellschaft. Wir entfernen uns etwas von dieser Stimme, verstehen ihre Sprache nicht mehr so gut wie damals. Leben wir gegen unser höheres Selbst, reagieren unsere Ebenen Körper-Geist-Seele darauf und werden wir krank. Krankheiten sind wertvolle Zeichen und Signale unseres höheren Selbst.

Wie finden wir zu unserem „Höheren Selbst“?

Dafür gibt es unendlich viele Möglichkeiten und jeder Mensch hat einen individuellen Zugang dazu. Die einfachsten Wege sind zumeist die wirksamsten. Ein Spaziergang mit einer guten Freundin, eine Meditation, Stunden der Ruhe beim Klavierüben, harmonisches Tanzen, Spazieren, ein Essen in schöner Atmosphäre können für mich beispielsweise Wunder wirken.

Gemeint sind alle Aktivitäten,

die eines gemeinsam haben, nämlich den Gegenpol des „Höheren Selbst“ auszuschließen. Die Stimme unseres Höheren Selbst kennen wir alle, und für jeden klingt sie anders. Dies hängt auch von unserer persönlichen Konstitution ab, manch einer schwingt und empfindet beispielsweise mehr visuell, ein anderer mehr auditiv.
Ich nehme mein „Höheres Selbst“ wie einen universalen Klang wahr, eine feine Schwingung, die mich immer begleitet. Das entsprechende Naturelement ist der Wind.
Handelte ich gegen mein höheres Selbst, bekam ich dafür eindeutige Signale, zumeist klanglicher Art.

Was ist der Gegenpol des „Höheren Selbst“?

Der Gegenpol des „Höheren Selbst“ ist die Ratio. Bitte verstehen Sie dies nicht falsch: Wir haben nichts gegen die Ebenen von Intellekt, Geist und Verstand, die an vielen Punkten wertvoll und notwendig sind.
Das hierzulande viel gepflegte „Grübeln“, das „Sich den Kopf zermartern“ führt dazu, dass wir die Stimme unseres Herzens und unser Höheres Selbst oft nicht gut wahrnehmen können. Das Trennen beider Ebenen Kopf- innere Stimme gehört notwendig dazu und soll aktiviert werden.

öffnen wir die Kanäle für Ihren Zugang zum „Höheren Selbst". Wir führen Sie heraus aus dem Alltag und aus dem *Hamsterrad.* Der Kopf darf sich entspannen, die innere Stimme, das höhere Selbst, wird deutlicher.

„Und warum ist es gut für ein Unternehmen, wenn Mitarbeiter auf allen Ebenen bis hin zu den Führungsetagen ihr „Höheres Selbst" besser verstehen?
Weil ein Unternehmen dann harmonisch in sich geschlossen funktioniert, wenn alle Abteilungen an ihr „Höheres Selbst" angeschlossen sind.
Dies führt zu einer kosmischen, universalen Harmonie des Unternehmens. Ein Unternehmen heilt mit jedem einzelnen seiner Mitarbeiter."
Ebenso wie eine Gesellschaft mit jedem ihrer Mitglieder heilt.

LOSLASSEN

Ute Wenn wir geboren werden beginnt die erste Lösung. Wir müssen sie uns noch nicht einmal wünschen, sie geschieht von ganz allein. Ich habe zwei Kinder und weiß darum, wie oft ich mich lösen musste. Besonders dann, wenn ich so vieles lieb gewonnen habe.
Die größten Lernereignisse haben wir Menschen wohl im allerersten Lebensjahr. Wir lernen etwas Bestimmtes wahrzunehmen, lernen uns auszudrücken, um unsere Bedürfnisse zu artikulieren, lernen uns zu bewegen bis hin zum Stehen und Balance für den Körper und Geist zu entwickeln. Wir fallen hin, stoßen und verletzen uns, stehen jedoch auch immer wieder auf. Wir lernen die Elemente zwischen kalt und heiß kennen, spüren Liebe und Verzweifelung.

Beschützend beobachten wir Erwachsenen diese eindrucksvolle Entwicklung unserer Sprösslinge und üben uns bereits im Los und Lassen, müssen delegieren und halten uns dezent aufmerksam zurück. Es war die erste große Herausforderung, dass Lieben unbedingt mit Loslassen zu tun hat. Der Lebensspielplatz beginnt von Anfang an!

Immer wieder habe ich erlebt, in allen Lebensbereichen, dass mir nichts wirklich gehört.
Ich habe für mich beschlossen, eine Weile die Ehre zu haben das mir geliebte Wesen zu begleiten, jedoch in aller Freiheit.
Für mich selbst habe ich erkannt, dass es in diesem Prozess eine große Entwicklung geben kann. Dieser kommt im Grunde allen Beteiligten zu Gute.
So entwickelte ich Vertrauen *nicht* durch Bestimmen, sondern durch mein eigenes Vorleben, konnte die sanften Ab- Lösungen auch in mir selbst erkennen. Es hat mich gestärkt, so auch meine geliebten Mitmenschen.

Beim Tango Argentino spielt das LOS und LASSEN eine gewichtige Rolle, denn nur durch ein Lassen kann sich ein Gesamtkunstwerk entfalten.

Uns ist im Leben schon irgendwann mal ordentlich eingehämmert worden, dass Besitz unser Eigentum, etwas ist, was nicht einfach losgelassen werden darf. Aber ganz ehrlich, was besitzen wir denn tatsächlich wirklich?

Ute: Ich bin der Meinung,

wir besitzen gar nichts, noch nicht einmal uns selbst. Das Loslassen wird uns alle ein Leben lang begleiten und je mehr wir lernen damit umzugehen, je glücklicher kann alles gedeihen. Ja, das wünsche ich mir!

Zum Thema unserer tiefsten Wünsche

Ebenso wichtig, wie das Erreichen unserer tiefsten Wünsche ist das Thema LOSLASSEN dieser Wünsche:
Denn wenn wir etwas nicht haben, können wir es auch nicht loslassen.

Das LOSLASSEN manifestiert unsere Verbindung.
Dies gilt für menschliche Beziehungen, in der Liebe, im Beruf, für Aktivitäten jeder Art.
Einen Mensch, der uns nahesteht, nehmen wir in den Arm. Nach dieser Verbindung lassen wir uns wieder los und wir gehen unsere eigenen Wege. Unsere Verbundenheit besteht weiterhin, dafür benötigen wir keine zusätzlichen Bestätigungen, wir müssen diese nicht immer wieder hinterfragen. Wir beide wissen und fühlen es.

Monas Beispiel in die materielle Welt übertragen

Der Flügel an meinem Arbeitsplatz steht dort an einem sicheren Ort. Dies weiß ich, dafür muss ich nicht ständig nachsehen, ob er noch dort steht.

Das Eintreten eines Wunsches, den wir formuliert hatten, können wir fühlen.
Wir sehen es förmlich vor uns, fühlen die Freude, Begeisterung, Leidenschaft. Je sinnlicher uns diese Wahrnehmung gelingt, desto stärker sind wir im Visionieren und desto stärker wird unsere Willenskraft, den Wunsch in Erfüllung zu bringen.

Der Punkt, der paradox klingen mag

Unsere Meisterschaft im Wünschen zeigen wir darin, indem wir den Wunsch und seine Erfüllung genauso gut loslassen können. Damit manifestieren wir, dass wir bereits im Vollbesitz des Erstrebten sind.
Sei es eine gute Abschlussnote, ein gelungenes Projekt, ein wunderbarer Team orientierter Unternehmenstanz, eine Firmen-Neugründung, eine neue Liebesbeziehung.

Je mehr wir am Wunsch "klammern", innerlich davon abhängig, besessen oder unfrei sind, desto schwieriger wird seine Verwirklichung. Damit manifestieren wir unseren Mangel, unsere Abhängigkeit, unsere „Un-Verbundenheit“.
Tief Wünschen, Lieben und Loslassen schließen sich nicht gegenseitig aus, im Gegenteil, sie sind ein Ganzes.

So auch der bekannte Satz “LIEBEN HEISST LOSLASSEN KÖNNEN”

Und dabei gelangen wir wieder zu unserer *universalen* Erkenntnis vom Anfang des Buches für alle Lebensbereiche:

Die größte Kraft ist die LIEBE zu sich selbst, sie gibt die Liebe für die Welt!

Dies gilt ebenso für die Unternehmen. LIEBE in den Unternehmen auf allen Etagen beginnt bei der Liebe eines jeden Unternehmensteils für sich selbst. Angefangen bei dem kleinsten Glied eines Ganzen heilt das Ganze. In der Gesellschaft, auf jedem Kontinent, auf unserem Planeten, in jeder kosmischen Einheit und somit im Unternehmen.

Aus diesem Grunde sei hier noch einmal erwähnt…“veränderst du dich, verändert sich das ganze System um dich herum“.

Öffnest du die Tür

im *Hamsterrad,* dann siehst du mehr als deinen eingetretenen Pfad. Dein Blick weitet sich, er führt dich auf die Landstrasse, wird ein Highway, du schaust in die Ferne, siehst die Landschaft und den Himmel vor und neben dir, spürst Liebe und öffnest die Sinne für Vollkommeneres!

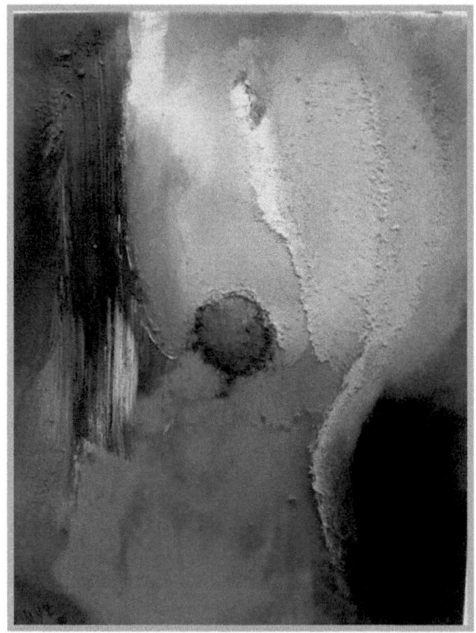

uvz angel

Liebe Leser,

nun haben wir Ihnen einiges zu unserer Unternehmenstanzphilosophie beschrieben. Ein paar Fallbeispiele zeigen uns die positiven Auswirkungen mit der TANGO- Businesstanzphilosophie.
Sicher gehören zu einem außergewöhnlichen Thema auch Menschen, wie Mona und ich, die hier einiges aus ihrem persönlichen Leben erzählt haben. Wir möchten, dass Sie uns etwas kennen lernen, denn es geht hier ja um ein Thema, welches sich mit realer Persönlichkeitsentwicklung beschäftigt und auch darum, dass wir eine gemeinsame Geschichte mit Ihnen kreieren möchten. Eine Welt, die Ihnen weitere Wege zu einem erfüllten und phantasiereichen Leben in *Ihrer Ganzheit*, auch in der Arbeitswelt zeigen wird.
Viele Menschen der Magie und des Erfolges, seien es nun Uri Geller, Samy Molcho der Pantomime, Harald Messner, der Bergsteiger, weitere Klangkünstler, Feuerläufer und mehr, verbinden sich mit dem Business und zaubern Unternehmer und ihre Mitarbeiter- Innen in eine heile und erfolgreiche Arbeits- und Lebenswelt.
So haben Sie die Qual der Wahl und entscheiden nun ganz individuell und denken darüber nach, ob Sie dieses Thema in Ihrem Unternehmen platzieren möchten.
Dazu gehört naturgemäß wieder die Portion **MUT**, denn Sie zeigen hier auch ein anderes Gesicht. Eines, welches hinter der täglichen Maske belichtet werden darf.
Sie und Ihr Team werden zu einer neuen Komposition schwungvoll zusammen wachsen.
So wird sich in dem gemeinsamen Kunstwerk zum Thema *Unternehmenstanzphilosophie* zeigen, dass das, was zusammen gehört, auch zusammen wachsen wird!

„Unser art-special Unternehmen lebt mit und von der Vielfältigkeit und somit vermitteln wir Ihnen die Dinge, die WIR selber am besten können."

Dazu gehören die musischen Fähigkeiten der Pianistin und die kreativen Eigenschaften der Juristin Mona Katzenberger. Meine Erfahrung zu Monas Potential sind eindrucksvolle Konzerte, inspirierende Worte, Rezitationen, absolute Präsenz und ein gefühlvoller Umgang mit Menschen. Ihre Bewegungen zeigen sich in wunderbaren Schwingungen zu dem allumfassenden Tanz, ihr zu zuhören wenn sie auf dem Piano spielt und sind ein Augen und Ohrenschmaus für Jeden. ***Ute***

Ich besuchte die Ausstellung „east meets west" in Berlin. In einer großen Ansammlung von Kunstwerken leuchtete eines strahlend hervor und zog mich in seinen Bann: „Meralda tanzt" (siehe Abbildung Buchcover) Verzaubert betrachtete ich das Gemälde und wusste bereits in diesem Moment, dass die Erschafferin dieses Werkes der Welt viel an Einfühlung, Kreativität und Intuition zu geben hat. Es überraschte mich nicht, dass Ute ein Multitalent ist, neben ihrer Tätigkeit als Malerin ist sie Tangotänzerin, Autorin, Mutter und Coach. Sie repräsentiert damit die moderne Power-Frau mit dem gewissen Funken Extravaganz. ***Mona***

„Aus genau diesem Grunde möchten wir Ihnen schon jetzt vorab eine Kostprobe zu einem weiteren ***art-special-Werk*** *„Im Geheimnis von Farben Formen und Klängen" vorstellen."*

EINSTIEG

8. Kapitel

Die Kostprobe

Im Geheimnis von Farben Formen Klängen

Wir Menschen, welcher Couleur auch immer, sind meistens verzaubert, wenn wir Kunst betrachten. Wir lassen uns inspirieren, versuchen zu interpretieren und sind plötzlich ein Teil des Ganzen. Gesellschaftskritisches bewegt uns genauso, wie eine alte Malerei des Leonardo de Vinci. Wir mögen Picasso, Dali, Monet und lieben die Melancholiker genauso, wie George Groß. Wir mögen die Moderne, die Zeitgenössische Kunst, wie auch die jetzige Vielzahl an wunderbaren Künstlern dieser Zeit. Wir lieben sie, auch dann, wenn wir selbst niemals ein Kunstwerk erstellen wollen. Ein Wochenende mal durch sämtliche Galerien der Stadt zu schlendern, gefällt uns sehr.

Konzerte, Opern, Schauspiel, Musik von Klassik bis Rock und Jazz begleitet unser kulturelles Freizeitprogramm..
Die Tatsache, dass wir Kulturelles mögen und durch unsere Anwesenheit beflügeln, bedeutet naturgemäß, dass auch wir ein Teil zwischen den Künstlern sind, dazu beitragen, dass Kunst und Kultur unser Leben positiv erfüllt.

Auch auf der *Unternehmensbühne* darf, ebenso wie der *philosophische Business Tanz*, ein weiterer kreativer Part Einzug halten.

Als professionelle Künstlerinnen werden wir ein weiteres Buch beschriften, in dem wir Ihnen das Geheimnis der Farben, Formen und den Klängen vermitteln werden.

Ute ..Berührungen

Die Faszination der inneren Welt bewegen von Kindheit an meine künstlerischen Schöpfungskräfte.

Inzwischen sind es achtundzwanzig Jahre, die ich als professionelle Kunst- Malerin tätig bin. So hatte ich einen Meister, der Maler und Bildhauer M. Melzer, und durfte endlich mein kreatives Potenzial in allen Facetten ausleben.

In meinen Wurzeln spüre ich meine Farben, Formen, Materialien, sie möchten Handlung, sich verbreiten, zerfließen, teilen und mitteilen. Jetzt, immer wieder, sich dabei stets weiter entwickeln.

Ein spannender Prozess beginnt, denn ich weiß nicht, was dabei heraus kommt!

Sehr oft schreit mir die Äußere Welt störend ins Gesicht. Sie spricht zu mir und sagt „Ich bin es, der Zeitgeist, bin virtuell, informativ, bin sehr schnell, manchmal ziemlich brutal! Will Erfolgsstorys in Politik und Wirtschaft, egal was die Weltgemeinschaft wirklich bewegt". Und er spricht noch vieles mehr!

Innen jedoch

dort fließt es nach anderen Rhythmen, sie sind leicht, still, warm, fröhlich, bunt! Sie schwingen und geben Kraft! Es transformieren sich Experimente, lassen expressionistisches und naturalistisches Kunstwerk entstehen. So tanze ich meinen Tanz auf den Leinwänden, mit Materialien, die Künstlergeheimnisse sind. Mein Körper und Geist vereinen sich mit Farben und Formen.

Klänge dazu, die Stimmung wählt den Rhythmus der Töne.

Mit den Füßen ertanztes Werk (Fußmaltango)

uvz Tangonale 2011

Monas Klanggeschichte

"..............Ich denke in Klängen. Sie begleiten mich jederzeit. Bereits im ersten Augenblick des Tages nach dem Aufwachen sind sie präsent. Den ganzen Tag über, bei der Arbeit, beim Essen und nachts, wenn ich schlafe, sind sie bei mir.

Sie formen sich zu unzähligen Melodien, bekannte und unbekannte. Ich sehe sie vor meinem geistigen Auge. Ich ordne sie dabei bewusst oder unbewusst auf der Tastatur meines Flügels ein. Eine Melodie, die aus dem Dunkel entsteht.

Zuerst ist immer das Dunkel, die Stille, das Schweigen. Dann sehe ich die Klänge, ich fühle, ich höre sie. Ich dachte lange Zeit, dies sei normal und ginge allen Menschen so.

Im Alter von 6 Jahren begann ich, Klavier zu spielen. Als ich 10 war, entdeckte mein Klavierlehrer mein absolutes Gehör.

An seinem überraschten Ausruf erkannte ich, dass dies etwas Außergewöhnliches sein musste.

Es war offensichtlich nicht normal, die Klänge, die wir hören, gleichzeitig auf der Klaviertastatur zu sehen.

Seit einigen Jahren habe ich angefangen, in Bewegungen zu denken. Dies ist so, seit ich dem Bedürfnis meines Körpers nach Bewegung nachgegeben habe.

Seit ich ihm erlaubt habe, sich im Raum auszudrücken.

Wenn ich Musik höre

die mein Körperbewusstsein inspiriert, muss sich mein Körper bewegen. Im ersten Moment eines Tages nach dem Aufwachen tanze ich. Ich tanze ins Bad, in die Küche, zur Arbeit. Ich tanze durch meine Wohnung, während ich telefoniere. Mein Körper gestaltet den Raum, interpretiert die Musik, die unzähligen Klänge. Es gab Phasen in meinem Leben, in welchen ich mich selbst nur, wenn ich tanzte, fühlte. Ausdruck ist für mich Lebendigkeit. Kommunikation. Ausdruck in der Bewegung, in der Form, im Klang, in der Ewigkeit eines Augenblicks, in der Emotion. Kommunikation über alle Grenzen hinweg...............

Unsere Nationalsprachen vermitteln Klangwelten

Ich liebte es seit jeher, Sprachen zu lernen, in die Tonalitäten der anderen Nationalitäten einzutauchen (wobei Italienisch vermutlich meiner Persönlichkeit am nächsten kommt), in meiner deutschen Muttersprache schreibe seit meinem 11. Lebensjahr handschriftlich ein Tagebuch, führte ein Zwiegespräch mit meiner inneren Stimme.

Rückblickend bin ich oft überrascht, wie weise diese innere Stimme schon in frühen Jahren war, um wie viel weiser als das junge Mädchen selbst. So **formte** sich diese weise Stimme auf viele Tagebuchseiten.......

Es gibt Tage, an denen möchte ich nicht gehen, nur tanzen.
Es gibt Tage, an denen möchte ich keine Worte sprechen, nur musizieren.
Es gibt Tage, an denen möchte ich nur schweigen und schreiben.

„Seit ich mich erinnern kann, musizierte ich lieber, schrieb ich lieber, malte ich lieber als zu konsumieren.“

Kreation meines Noteschlüssels

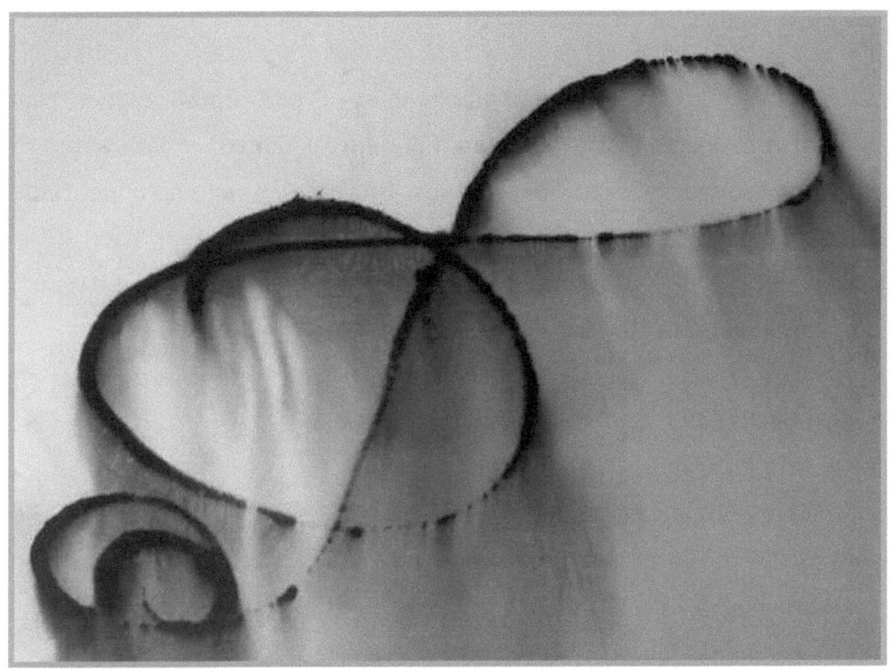

moka

Kleine Geheimnisse einiger Farben

Weiß: *Reinheit, Sauberkeit, Ordnung, Leichtigkeit, Vollkommenheit, Visionär*

Physikalisch ist Weiß die Summe aller Farben. Weiß hat keinen negativen Zusammenhang, so ist sie die vollkommenste Farbe. Weiß symbolisiert: Licht, Glaube, das Ideale, das Gute, der Anfang, das Neue, Sauberkeit, Unschuld, Bescheidenheit, Wahrheit, die Neutralität, die Klugheit, die Wissenschaft, die Genauigkeit.

Farbe Blau: *Harmonie, Zufriedenheit, Ruhe, Passivität, Unendlichkeit*

Blau wirkt beruhigend und entspannend. Diese Farbe eignet sich optimal, um inneren und äußeren Frieden zu finden, um Stress und Hektik abzubauen. Blau löst nervös bedingte Verkrampfungen, die Muskeln lockern sich und das Herz kann sich wieder beruhigen. Blau vermittelt die ausgleichende Energie, die unser Organismus benötigt, um den zunehmend hektischen Alltag ruhig und gelassen zu bewältigen.

Farbe Gelb: *Licht, Sonne, Erleuchtung, Helligkeit*

In unseren Breitengraden ist sich die Farbe Gelb nicht sehr beliebt. Sie wird mit Neid, Verrat und Feigheit in Verbindung gebracht und nur selten zur Lieblingsfarbe erkoren. Dennoch ist Gelb eine warme Farbe, weil damit Begriffe wie Sonne und Licht assoziiert werden. Gelb steht aber ebenso für Wachheit, Kreativität und einen schnellen Verstand.

Farbe Grün: *Durchsetzungsvermögen, Frische, Beharrlichkeit, Entspannung*

Grün ist die Farbe der Mitte. In seiner vollendeten Neutralität zwischen allen Extremen wirkt es beruhigend, ohne zu ermüden. Die Farbe Grün fördert Eigenschaften wie Hilfsbereitschaft, Ausdauer, Toleranz und Zufriedenheit

Farbe Orange: *Freude, Lebhaftigkeit, Spaß, Lebensbejahung, Ausgelassenheit*

Orange ist bekannt als Kraftspender nach physischer oder seelischer Erschöpfung. Es repräsentiert vitale Stärke und Aktivität. Die Wärme dieser Farbe hebt unweigerlich die Stimmung: Orange ist die Farbe der Freude, des Lustigen, der Geselligkeit.

Farbe Rot: *Aktivität, Dynamik, Gefahr, Temperament, Zorn, Wärme*

Es erhöht unseren Energiepegel, unsere seelische Kraft. Eine belebende und positiv verstärkende Wirkung hat das warme Rot auch auf emotionaler Ebene. Es steigert die Sinnlichkeit, das bewusste Erleben und Fühlen und den Ausdruck ungehemmter Leidenschaft.

Farbe Violett: *Selbstbezogenheit, Eitelkeit, Einsamkeit, Genügsamkeit*

Violett gilt als Farbe des Geistes und der Spiritualität. Sie soll das seelische Gleichgewicht und die Entschlusskraft fördern, kann aber auch zweideutig wirken, mystisch und magisch. Violett hat eine stark meditative Wirkung.

Malerischer Tango (mit den Füßen ertanzt)

uvz Tangonale 2011

Zwischenstation

Farben wirken auf geheimnisvolle Weise. Wir bestimmen mit Farben unsere tägliche Kleidung und vermitteln damit unbewusst unser Lebensgefühl *im jetzigen* Zustand. So tragen wir unsere Farben im Herzen genauso, wie wir unsere Klänge bevorzugen.
Menschen haben bevorzugte Sinnessysteme. Meistens sind wir sehr auf die *visuelle Stimmung (Mischsystem)* eingestellt, jedoch gehört das auditive, (Gehör) unmittelbar dazu.
So geht das Eine nicht ohne das Andere..

Geheimnis der Formen

Zwar schreiben wir heutzutage eher mit der Tastatur unseres Rechners, doch wenn wir uns auch mit diesem Thema beschäftigen, dann sicher auch deshalb, weil wir uns auch mit diesem Inhalt auf den Pfad zur *ENTSCHLEUNIGUNG* begeben.
Jeder von uns hat nämlich auch eine individuelle *HANDSCHRIFT.* Und jeder von uns kritzelt mit dieser zu gerne auf einem Stück Papier herum, meistens dann, wenn wir mit Menschen telefonieren. Im Grunde genommen können wir uns dann sogar besonders gut auf das Thema einlassen, sind hoch konzentriert.

Materialien dazu sind eigenwillige Substanzen. Sie zeigen persönliche Vorlieben, sowie auch Abneigungen…

Jeder hat einen ganz besonderen Strich und wird seinem Bild eine individuelle Form geben…Jeder hat seine Materialien, die bevorzugt werden.

So zeigt sich dieser auch in männlichen

wie weiblichen Prinzipien. Runde Formen müssen nicht unbedingt dem weiblichen und eckigen, kantigen auch nicht unbedingt das männliche Prinzip darstellen. Eher sind es die Materialien, welche sich mit den Formen verbinden. Denken wir an die alten Künstler, so erinnern wir und an eine große Männergesellschaft.
Doch im Zuge der Gleichstellung von Mann und Frau gibt es heute wenig große Unterschiede. Skulpturen aller Größen werden von beiden Geschlechtern angefertigt, allerdings liegen dem Manne technische Details mehr als der Frau. Abstraktionen sind bevorzugte Frauenmotive, denn diese zeigen den emotionalen und intuitiven Ausdruck des Unbewussten. Es einfach mal fließen lassen, dazu gehört eine große Portion Mut. Mann möchte genau überlegen, wann und wo er seine Leinwand beschmutzt. "Ein Künstlerfreund nannte es einmal so!"

***Mehr dazu alsbald im** „Geheimnis der Farben, Formen und Klänge"*

Die Stimme zeigt ein eigenes Gesicht. Zu hören, zu spüren und dabei den Klang wahr zu nehmen, diesen mit Farben und Formen zu vereinen, ist grandios und ein Erlebnis der besonderen Art......

Das Geheimnis der Klänge

Alles ist vereint durch den Klang. So ist es nachvollziehbar, dass verschiedene Schöpfungsgeschichten den Klang als Ursprung allen Seins ansehen, beispielsweise in den heiligen Schriften Indiens (“Upanishaden”) und auch im Glauben der Tibeter.

Danach sind die gesamte Schöpfung, das Universum, der Mensch und die Götter aus Klang entstanden, „Nada Brahma“ – Der Kosmos ist Klang.

Klang verfliegt scheinbar im Moment, geht ein in den Äther, die Unendlichkeit, schwingt weiter in unserem Gehör, über Jahrhunderte, Jahrtausende hinweg. Was fühlen wir im Klang? Klang ist Schwingung und Schwingung entspricht Lebensenergie.

Nur so ist es erklärbar, dass manche Melodie die Menschheit seit jeher begleitet und zeitlos gerne gehört wird, erklingt und heilt.
Denken wir an große Komponisten wie Mozart, Bach, Beethoven.
Klang ist unendlich und ewig, er berührt die Seele und lässt sie tiefen Frieden erleben, Alltagsgedanken treten in den Hintergrund.

In unserem Seminar

bieten wir entspannende Energiebegleitungen – und Meditationen mit sanfter live - Klaviermusik an. Je nach Bedarf und Symptomen der Teilnehmer variieren wir diese Begleitungen, sie sind einzeln oder in der Gruppe möglich.
Die Seele kommt zur Ruhe. Im sanften Klavierklang vernehmen wir unsere eigene innere Stimme und schöpfen wieder neue Kräfte.
Die erzeugten Schwingungen bewirken im Körper Tiefenentspannung und aktivieren unsere Selbstheilungskräfte.
Anschließend fühlen wir uns im wahrsten Sinne des Wortes beschwingt, vergnügt, wohlig entspannt und schöpfen Kräfte für neue Herausforderungen.

In einer Kombination

zu den meditativen, wie auch rhythmischen Klängen können wir die Geheimnisse der Farben und Formen mit einem *ganzheitlichen Sinnessystem erkunden und den Weg der *Entschleunigung* mit diesem Angebot erfrischen.

Wir lauschen den Klängen, sehen unsere Farben, erfühlen und Formen, riechen und schmecken das Sinnliche von Unbewussten Schwingungen in uns.

Unsere Empfehlung ist

dass Menschen im Projektmanagement, sowie Führungskräfte bevorzugte Kandidaten für ein solches Seminar sind.
Im kreativen Ideenmanagement erfahren Sie sich im Team völlig neu. Sie haben die echte Chance, endlich einmal nein sagen zu dürfen, sich in der Gemeinschaft neu zu orientieren und Ihre Mitmenschen mit einem neuen Produkt hadern zu sehen. Es wird ein spannender Prozess werden, denn die Polaritäten werden sich verschieben, der Schatten sendet Ihnen das Licht!

Auch hier gilt:

"Steigen Sie erst einmal aus, um kraftvoll und ausgeglichen wieder einsteigen zu können!"

Denn, jeder ist auch Kunstwerk, in jeder Beziehung, ganz gewiss!!

mehr dazu im zweiten Band......

„Können Sie sich in etwa vorstellen, wie Ihre Betriebsmannschaft und Ihre Führungskräfte sich in einem lichten, schönen großen Raum befinden. Die Stimmung erhellt sich, warme Farben, Holzfußboden, Pflanzen, ein kleiner Wasserfall plätschert leise und das Büro befindet sich weit weg?“

9. Kapitel Das Seminar

TANGO *eine Unternehmenstanzphilosophie*

T*anze den*

A*ugenblick*

N*utze die*

G*öttliche*

O*ffenbarung*

Wer wünscht sich nicht ab und zu einmal das Gefühl, alles hinter sich zu lassen? Sich in diesem Moment aus dem Alltag weg zu beamen, am besten auf einen anderen Stern. Haben wir nicht alle unser Bestes gegeben, unseren Geist, unsere Seele in das Informationszeitalter zu integrieren, in allem besser und erfolgreicher als andere zu sein, das Unmögliche zu ermöglichen?
Multitasking, Internet, Wissensmanagement, die Welt wird immer kleiner.

Wir sollen dafür immer schneller sein, verloren als Sandkorn im unendlichen Sandhaufen…das sind wir? Wo bleiben unsere Individualität und unsere persönlichen Bedürfnisse?

Nun, die Seele ist längst nicht so schnell wie unser Geist, doch nur sie vereint das *„Ursprüngliche“* in uns. Sie trauert und wünscht sich Beachtung! Oft schlummern mehrere Seelen in unserer Brust und dann wird der Wunsch immer stärker, die ungelebten Teile unserer Persönlichkeit auszudrücken.
Kennen wir diesen Zustand nicht alle? Hin und wieder fühlen wir uns erschöpft, unkonzentriert, weit entfernt von unserer Mitte, von unserer wahren Bestimmung..........

In unserer heutigen kapitalistisch orientierten Gesellschaft dominiert uns die Ratio, doch das Wachstum der Seele kommt zu kurz. Wir fühlen es, wenn unsere innere Stimme uns immer wieder daran erinnert, dass auch sie gelebt werden möchte...

Die Sprache unserer Seele möchten wir nun auch in Ihre berufliche Alltagssituation mit Ihnen integrieren...Durch eine ganz reelle Tagesreise, **die „Reise ins eigene Glück“**

Übrigens

ist die Reise zurück *zur „Einfachheit des Lebens“* ein bereits beliebtes Modell in Europa- und in den USA, auch genannt „Down-Shifting“.

Exkurs: Was ist **Downshifting?**

Ein Begriff aus den USA, bekannt in vielen Unternehmen, inzwischen auch in solchen, die noch nicht mit flacher Hierarchie arbeiten.
Im Grunde genommen ist damit auch eine **Entbürokratisierung** gemeint, in anderen Worten weg von Fremdbestimmung, hin zur selbstbestimmten Arbeits- und Lebensweise.
So haben große Konzerne erkannt, dass es sinnvoller ist, Mitarbeitern, in die viel Geld investiert wurde, eine Auszeit von ein paar Tagen, Wochen oder Monaten zu gönnen, als zu warten, **bis diese sich ganz verabschieden**.
Inzwischen setzt sich die Erkenntnis durch, dass ein Unternehmen viel mehr von morgens gut gelaunten und ausgeschlafenen Mitarbeitern hat, als von jenen, die nur noch halbseitig funktionieren können, weil sie chronisch überarbeitet und irgendwann ausgebrannt sind.

Beispiele für erfolgreiche **Downshifter** gibt es überall. Meistens sind es hoch bezahlte Manager, die sich auf eine Alm oder eine Insel zurückzogen, das einfache Leben genossen, und die ihre Freude am Leben wieder entdecken, ohne gleich komplett auszusteigen.

„Wie viel einfacher unsere Reise ins innere Glück!"

Unser gemeinsames Ziel

Sagen auch Sie „Ja" zur Prävention, erzeugen wir Dwonshifting, um Burn- out oder andere durch negativen Stress verursachte Beschwerden im jetzigen Zeitgeschehen zunächst einen Tag lang abzulegen.

Inhalte

- Raus aus dem Hamsterrad, der persönliche Türöffner
- Weg von Beamer-Powerpoint, Internet und E-Mails
- Handlungen und Wissen für stille Eindrücke
- Hintergründe des eigenwilligen Stressgeschehens
- Sofortige Selbsthilfe und Hormone sind willkommen
- Aus der Statik, hinein in die eigene Dynamik

Stufe I Infoinputs

Vorstellung der TN und der Trainerinnen
Erwartungen der TN
Infoinputs zum Thema Stress
Kurze erste Meditation- Hintergrund –Tangomusik
Öffnen der Energiezonen
Energien frei setzen und synchronisieren, Sinne schärfen

Stufe II Präsenztraining-Ressourcen spüren, Gehen-Stehen-Ausdruck

Erfahre die **Ganzheit**
Wie zeigt sich unser körpersprachlicher Ausdruck und wie sehen wir uns selbst?
Wissen wir eigentlich wie uns andere Menschen wahr nehmen?
Warum haben wir Hemmungen, uns selber anzusehen? (Filmausschnitt/Video)
Assoziation/Dissoziation –Übungen
Präsenztraining Tango Rhythmus
Kreuzen, eine gehirngerechte Schrittkombination
Kinesiology und Infoinputs dazu

Stufe III Führen- Folgen- Infoinputs Tangomusik

Meine Position ist mal Führend, mal Folgend
Was macht das Alphatier mit mir?
Scheu überwinden, Präsenz zeigen
Den Raum füllen, Schwingung des All- Eins- Sein

Stufe IV selbst heilende Hände spüren, große Meditation

Meditation, wenn möglich mit Klaviermusik life von und mit
Mona Katzenberger,
sonst CD Aufnahme
Energiezonen öffnen und synchronisieren
Selbstheilung spüren
Energie für die Freiheit von Selbstbestimmung
Liebe- Offenheit- Gesundheit- Klarheit- Angstfreiheit

Stufe V Abschluss und Reflektion

Zum Inhalt und unseren Handlungen

Theorie und Praxis befinden sich im lebhaften Wechsel. Infotainment und lachende Seminarteilnehmer sind für uns kein Widerspruch zu lebhaftem und nachhaltigem Wissenstransfer. Jeder Teilnehmer erhält die Möglichkeit, persönliche Fragen zu stellen. Wichtig ist uns ein lebendiges Seminar mit direkter Anwendbarkeit der vermittelten Inhalte.

Was wir von den Teilnehmerinnen und Teilnehmern erwarten

Mut, etwas von sich preiszugeben, Offenheit, Selbstbestimmung und alle Fragen zu stellen, die ihnen wichtig sind. Wir freuen uns auf rege Beteiligung und werden somit ein vorzügliches Team, das sich zwischen tiefgründiger Spiritualität und pragmatischer Wirtschaft bewegt.

Raus aus dem Hamsterrad, der persönliche Türöffner

„Wenn wir geboren werden weinen wir, wenn wir sterben, weinen die Anderen. In der ZWISCHENZEIT sollten wir unbedingt ganz viel Lachen!“

Finden wir immer rechtzeitig die Tür, öffnen diese, um jederzeit unsere Perspektiven neu zu bestimmen. Die Welt zeigt sich uns, voller Freude und mit guten Botschaften!

Weg von Beamer- Powerpoint, Internet und E-Mails

Ziel unserer Reise ist es, sich vollständig darauf einlassen. Der heutige Tag gehört Ihnen, Sie nehmen sich den Luxus, ausnahmsweise einmal nicht per Handy oder Internet erreichbar zu sein und sich ganz der Ihrer inneren Stimme hinzugeben. Diese wird Ihnen Ihre wahren Bedürfnisse immer klarer mitteilen, je mehr Raum und Ruhe Sie ihr geben. Dies ist Teil unserer Tiefenentspannung. Je klarer Sie sich an diesem Tage von den äußeren Erwartungen abgrenzen, desto kraftvoller werden Sie von unserer Reise in den Alltag zurückkehren!

Handlungen und Wissen für stille Eindrücke

Wir begleiten Sie auf allen Ebenen, die unsere Seele berühren, mit Tanz, Musik, Klang, Farbe und dem Element der Stille.

In diesen Momenten ist ein Blick nach innen, eine Besinnung, eine Streicheleinheit für unsere Seele besonders wohltuend und führt uns zurück zu uns. Denn bei aller Ablenkung, allen Luxus- und Konsumgütern und aller Unterhaltung, die uns im Zeitalter der Multimedia geboten sind, gibt es nichts Schöneres als die Reise zu uns selbst, zu unserer Herzensmitte und damit zum eigenen Glück.

Hintergründe des eigenwilligen Stressgeschehens

Sofortige Selbsthilfe und Hormone sind willkommen
Stress gehört zum Arbeitsalltag wie die Entspannung zum Feierabend. Entscheidend ist, ob Sie positivem oder negativem Stress ausgesetzt sind. Der positive Stress wird nicht als unangenehm empfunden. Er gleicht einem tiefen, energetischen Seinszustand. Er ist die Triebfeder, die für den Erfolg im Unternehmen letztlich verantwortlich ist.

Wenn Sie sich in einem positiven Stress befinden, dann zeigt sich unser Zustand, bei dem wir nicht aufhören möchten, zu arbeiten, effektiv und kreativ zu sein. Unsere Aufmerksamkeit ist so konzentriert, dass wir dabei alles andere vergessen, Raum, Zeit, andere Menschen. In dieses Bewusstsein zu kommen, ist die Basis erfolgreicher, erfüllter und ausgeglichener Menschen. Tiefenentspannung und kraftvolle Arbeitsenergie bedingen sich gegenseitig.

Unsere gemeinsame Reise

führt Sie zu Ihren eignen Energiequellen zurück.
Negativer Stress blockiert die wunderbaren Gedanken, sorgt für schlechte Laune, macht das Leben frostig

Wussten Sie eigentlich dass Ihre Hormone sich in Lichtgeschwindigkeit ausbreiten und Ihr System dirigieren?

Raus aus der Statik, hinein in die Dynamik

Jeder von uns kennt Erlebnisse, in denen wir uns als **„Ganzes“** in Lebenssituationen gespürt haben.
Meistens geschieht dies leider erst im Urlaub, dann, wenn wir uns wahrhaftig treiben lassen, wenn wir Zeit haben, Ruhe und Gelassenheit wahrnehmen, uns selbst und der Natur wieder Gehör schenken.

Endlich spüren wir die Energie und Kraft, die uns mit Glück und Zufriedenheit verbindet.

Stufe I

Infoinputs Woher kommt Stress?

Der Begriff Stress wurde aus der Ingenieurwissenschaft übernommen und von den Medizinern neu definiert.

Wie entsteht Stress?

Stress entsteht durch ständige Anspannung und Missachtung der körpereigenen Signale. Es gibt vielfältige Stressauslöser, zum Beispiel Lärm und Unruhe, Musik, die unterschiedlich empfunden werden kann, Belastungen in Familie und Beruf, Schicksalsschläge und vieles mehr. Knowledge (Wissensmanagement) Multitasking und Medienüberflutungen gehören heute ebenfalls zu einer negativen Beeinflussung des menschlichen Systems.

Was passiert in unserem Körper?

Im Körper und Geist entstehen Spannungen. Hormone werden übermäßig produziert. Kampf und Fluchtverhalten setzen das Gehirn in einen Zustand von Blackout. Gedanken gehen andere Wege als es der gesunde Menschenverstand vorgesehen hat. Irgendwann
platzt die Anspannung. Auf in den Kampf? (meist zum Leidwesen aller Beteiligten) Nein, der Stress kann sich entleeren durch vielfältige Möglichkeiten. Doch bleibt er im Körper hängen, verursacht Stress auf lange Sicht Verknotungen mit gesundheitlichen Schäden.

Stress-Analyse

Analysieren Sie nun Ihre derzeitige Stress-Situation, Ihre hauptsächlichen Stressfaktoren, auch Stressoren genannt. Deshalb möchten zuerst folgende grundlegende Fragestellungen beantwortet werden

1. Welcher Stressdosis sind Sie momentan ausgesetzt?
2. Wann überschreitet diese Belastung für Sie persönlich die Grenze des Akzeptablen?
3. Wie viel Stress treibt Sie noch an?
4. Was motiviert Sie und fordert Sie heraus?
5. Von welchem Stress möchten Sie sich befreien?

Ihre Antworten

Zwischenstation

Meditation- Hintergrund- Tangomusik
Um Ihren eigenen Stressquellen zu ergründen ist Stille und eine Innenschau
absolut empfehlenswert. Analysieren Sie was Ihnen Druck erzeugt. Ihr Körper und Ihr Geist werden eindeutige Signale senden.
Öffnen der Energiezonen unter Anleitung. Energien frei setzen und synchronisieren, Sinne schärfen

Bilanz

Wo stehen die Teilnehmer und wohin möchten sie? Was ist ihre Idealvorstellung?
Dreißig Minuten Kontemplation und Lebensplan zum Lebensmission, positiver Stress/ Berufung.

Schriftliche Formulierung des „Vertrages mit uns Selbst“- 7 Punkte

Mentale Hilfsübungen dafür

- Höchstes Ideal ihres Zustands des Angekommenseins bei sich selbst, das „eigene Glück“ in Beruf, Berufung und auf der mentalen Ebene
- der damit verbundenen höchsten Erfüllung, Motivationen, Emotionen, damit einhergehendes Lebensgefühl
- der damit verbundenen Rollenvorstellungen
- mögliche Quellen und Hilfen für die Erreichung dieser Vision
- alte überholte Überzeugungssätze, die sie von der Erreichung dieses Ziels abhalten
- Formulierung neuer Überzeugungssätze, die sie zu ihrem Ziel bringen Jahresziel
- konkrete Schritte zur Erreichung des Ziels

Ihre Antworten

1. Höchstes Ideal: Was möchten wir in diesem Lebensbereich wirklich erleben? Was ist das Ideal, das Endziel in diesem Bereich?

2. Höchste Erfüllung: Was sind die Motivationen für die Erreichung des höchsten Ideals? Wie fühlen Sie sich dabei? (Z.B. „frei“, erleichtert, leicht, sorglos)

3. Rollenvorstellungen: „Wer“ sind Sie in dieser Vision? Alle Rollen sind erlaubt. Kollege, Chefin, Liebhaber, Mutter, etc.

4. Mögliche Quellen und Hilfen für die Erreichung dieser Vision: Informationen, Wissen, Heilungsmethoden, Kreativität, Tanz, Musik, Sport, Spiritualität, Glaube, etc.

5. Überholte Überzeugungssätze: Was denken Sie bezüglich der Erreichung dieser Vision WIRKLICH? Nicht das, was Sie meinen, glauben zu sollen. Es können auch Überzeugungsmuster nach dem Motto „man kann nicht alles haben“ „man muss hart arbeiten, um Geld zu verdienen“ „von der Kunst kann man nicht leben“ sein, Glaubensmuster, die uns ein Leben lang begleiten

6. Neue Überzeugungssätze: Was möchten Sie stattdessen glauben? Wenn Sie die Wahl hätten, etwas zu glauben, was würden Sie glauben? Z.B. „Meine Lebensaufgabe macht mich glücklich“. „Ich lebe in der Fülle“

7. Ziel: Ziel innerhalb eines längeren Zeitraums

8. Nächste Schritte und Investitionen dafür: Realistische, umsetzbare Schritte, Investitionen nicht zwingend materieller Art, sondern in jeder denkbaren, auch ideellen Weise

Stufe II

Präsenztraining

Ressourcen spüren
Körper-Geist –Seele geht, steht und drückt sich aus

Erfahre die **Ganzheit**
Wie zeigt sich unser körpersprachlicher Ausdruck und wie sehen wir uns selbst?
Wissen wir eigentlich, wie uns andere Menschen wahr nehmen?
Warum haben wir Hemmungen, uns selber anzusehen?

Metapher

Sie sind nicht der einzige Mensch, der sich selbst im Film/Video und (Lebensfilm) ungern sehen mag, seine eigene Stimme fremd empfindet, besonders selbstkritisch ist.
Doch ein Jeder marschiert durch die Strassen, geht einkaufen, befindet sich auf Bahnhöfen, Fahrstühlen, Großraumbüros, Firmen und Flughäfen.
Wird von seinen Mitmenschen wahr genommen, spürt seine eigene Laune Retour. Doch niemand stört sich daran, dass Mann/Frau angeschaut wird. Ja, ständig wird angesehen! So marschieren wir Tag ein, Tag aus durch die Welt.
Aber wehe, man sieht, hört sich selbst, blickt in sein eigenes Antlitz ganz und gar bewusst…wie wahr doch alles ist…und auch wie wunderbar diese eigene Wahrheit anzunehmen!

Assoziation- Dissoziation

Gehen, Stehen, Kreuzen, Schwingen, Rhythmus spüren

Eine hirngerechte Schrittkombination (Kinesiology und Infoinputs dazu)

Das Gehirn mit seinen Hemisphären (linke - rechte Hirnhälfte) hat einen phantastischen Koordinierungsplan. So versorgt die rechte Seite, die linke Hälfte des Körpers und umgekehrt. Diese überkreuzte Funktion unterstützt eingehend unsere körperliche und seelische Balance. Beim Tangoschritt können wir durch das kreuzen und wechseln der Körperachse, ein rhythmisches Gehen, sowie unser Gleichgewicht wunderbar spüren.
Dieses beeinflusst naturgemäß unser Empfinden in der GANZHEIT!

Hierzu bieten wir ein persönliches Gespräch mit den Teilnehmern in der Gruppe, in der wir die persönliche Haltung und Körpergefühl des betreffenden Teilnehmers betrachten. So können wir das Gleichgewicht festigen und Spannungen lösen.

Erstellen eines ersten Ressourcenbewegungsprofils

("ein Bewegungs- oder Haltungsablauf einer Person, der sich in unserer Körperarbeit herauskristallisiert, z.B. steif, müde, gebeugt, aufgerichtet, angespannt, defensiv). Unsere Persönlichkeitsanalyse anhand von Körperarbeit.

Ethnische Tänze wie Tango Argentino und Afrobrasilianische Tänze ermöglichen uns einen spielerischen Zugang zu den *Tiefen unseres Unterbewusstseins.*

Afrobrasilianische Tänze erwecken die Lebensfreude und die Lebensenergie in uns.

Mit speziellen Isolationsübungen entdecken wir unseren Körper auf neue Art und Weise. Anhand verschiedener Körper, Geh- und Atemübungen aus dem Tango Argentino in der Gruppe nähern wir uns unserem ureigenen Geh- und Stehvermögen.

Wir erleben uns selbst neu

Wie wir gehen, wie wir stehen und uns bewegen, sagt viel über unsere innere Haltung zu uns, unser Leben und unser Umfeld aus. Das Selbstbewusstsein wird gestärkt und wir werden dem eigenen Körperbewusstsein noch näher kommen.

Stufe III

Führen- Folgen- Infoinputs und Tangomusik

Positionen

Jeder wünscht sich das Alphatier in sich. Bestätigung und Anerkennung sind sicher! Wir wollen „FÜHREND“ sein. Leider sind Führungspersönlichkeiten mitunter ziemlich überfordert und ein Führender muss nicht immer der Stärkere oder Bessere sein.
Durch unsere Bewegungshaltung im tänzerischen Schritt spüren wir ganz genau auf welcher Seite wir wirklich stehen.
So hat auch das Folgen große Vorteile. Es ist wie im Berufs uns Alltagsleben viel wichtiger, dass wir ein **Team** werden. Und eine gute Führungspersönlichkeit zeigt sich in allen Rollen perfekt. Schwingungen und Balance werden abgegeben und miteinander neu verbunden. So kann es ein wunderbares MITEINANDER werden mit Erfolg und Freude auf allen Seiten.

Den Raum füllen, Schwingung des All-eins-Sein

Stellen Sie sich vor, wie Sie in einem großen Saal, ca. 1000 qm betreten. Am Ende des Saales steht ein Tisch. Dort sitzt eine Person die über Ihr Schicksal entscheiden wird. Sie betreten den Saal und müssen nun diesen Raum mit Ihrer Präsenz füllen. Wie gehen Sie dorthin, wie stehen Sie, wie schaut Ihr Antlitz aus, wie Ihre Mimik und Gestik? Halten Sie Balance? Strahlen Ihre Augen und begeistern Sie? Ist der Gang schwingend und im Einklang Ihrer GANZHEIT?

Ja, alles ist möglich! Sie können einen ganzen Raum füllen!

Stufe IV

Ausklang

selbst heilende Hände spüren, große Meditation (Geführte Meditation)

Meditation

wenn möglich mit Klaviermusik
life von und mit **Mona Katzenberger***
(*sonst CD Aufnahme)

Energiezonen öffnen und synchronisieren
Selbstheilung spüren
Energie für die Freiheit von Selbstbestimmung
Für die Liebe, für Offenheit,
Gesundheit, Klarheit, Angstfreiheit

Stufe V

Wieder ankommen
Energien bündeln,
Klarheit im Geist, im Körper,
in der Seele spüren.

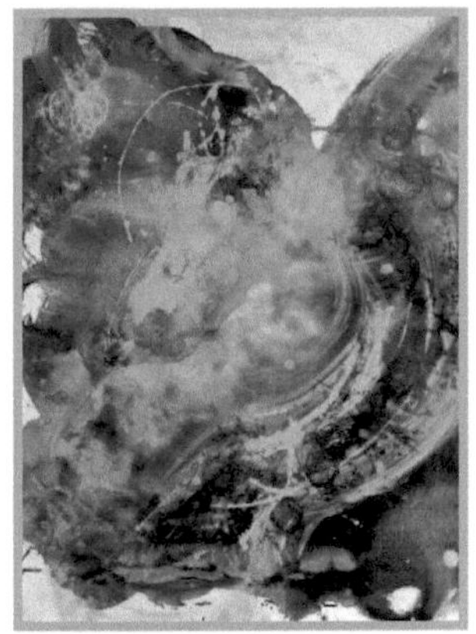

moka green venus

Unsere Seele hat wieder Nahrung bekommen und es ist gut wenn wir sie behüten und pflegen.

Zum Schluss etwas ganz Wichtiges

Es ist die Freude und die Individualität, die wir beim Tanzen spüren.
Ob alleine, oder wie beim Tango- Argentino mit einer weiteren Person, ja, es sind die gemeinsamen Schwingungen die uns durch Klänge und Bewegungen positiv beflügeln.

Es ist Downshifting der einfachsten Art.....*Jetzt sind wir wieder die GANZHEIT!*

TangoBerlin-der-FILM in 2012 im Kino

u.a. mit art-specials

Jonny Schoppmeier

„art specials“ *Das Duo mit philosophischer- künstlerischer Vielfalt!*

„Immer dann, wenn sich Menschen mit ihrem Wesen verwirklichen konnten, sprühte es Funken von einer unbeschreiblichen Energie, entfachte sich inneres Feuer, lösten sich Blockaden auf sanfte Weise auf“

(Ute Vehse)

"Die geheimnisvollsten Momente sind, wenn Kreativität entsteht und sich wie eine Urgewalt ihren Weg bahnt“

(Mona Katzenberger)

„Mit herzlichem Dank an die vielen Menschen, die uns auf unseren Lebenswegen so gute Begleiter waren.“

„TANGO *eine Unternehmenstanzphilosophie*“ © **Ende**

Quellentexte

Busch, Wilhelm, „**Kritik des Herzens**", 1874 (erschienen in „die Gedichte" herausgegeben von Gerd Haffmanns bei Zweitausendeins, 3. Auflage 2007)

Ende, Michael **„MOMO"** Piper Verlag Taschenbuch, 5. Auflage 2011

Hackney, M. u.a.: **"Effects of dance on movement control in parkinson`s disease":** A comparison of argentine tango and american ballroom. Journal of Rehabilitation Medicine, 41/2009, 475-481

Quiroga Murcia, C.: "**Emotional and neurohumoral responses to dancing tango argentino":** The effects of partner and music. Music and medicine, 1/2009, 14- 21

Sartre, Jean-Paul: „**Das Sein und das Nichts", ** Reinbek rororo, 16. A.

Internetpräsenzen:

www.sein-coaching-utevehse.de

www.art-utevehse.de

www.monas-salon.com

www.tango-oscilaciones-berlin.de

www.tangoberlin-der-film.de/

AUSKLANG

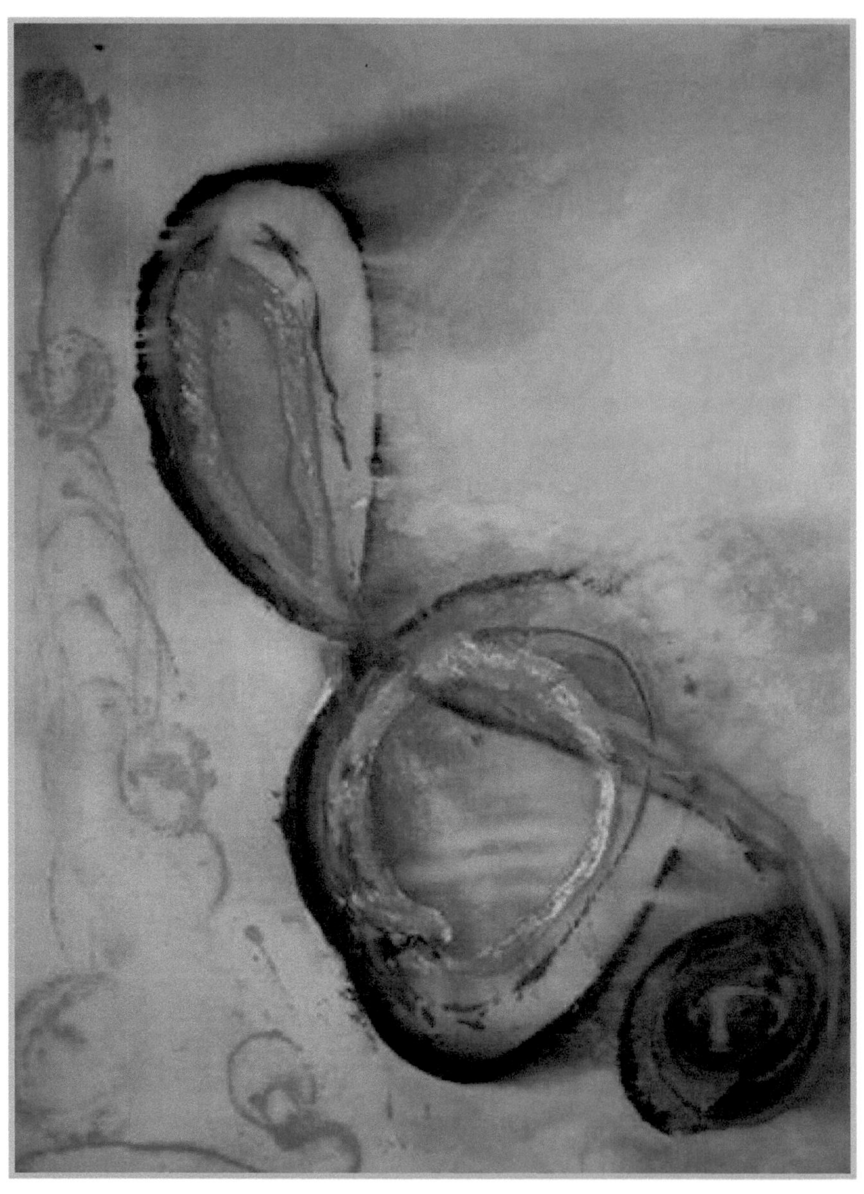

moka

Printed by Books on Demand GmbH, Norderstedt / Germany